Satanismo Erótico

Justo María Escalante

1932

Índice

Capítulo I - El origen del demonio

Los libros de teología y los Padres de la iglesia afirman rotundamente la existencia de los demonios; la Ciencia moderna pone en duda, o niega con pruebas, que haya demonios ni endemoniados.

¿A quién creer en la duda? La fe nos manda cerrar intencionadamente los ojos para no ver; el buen sentido nos dice que los ojos se nos han dado para ver, los oídos para oír y la razón para razonar. La Iglesia nos manda que creamos y esperemos con la fe cerril del carbonero; el buen sentido nos aconseja que tengamos como más discreta y mejor guía la juiciosidad de Descartes[1].

El creer *porque es absurdo*, que aconseja Tertuliano y glosa San Agustín, repugna a nuestra razón; pero el miedo a condenarnos nos lleva a ser indecisos y cobardes[2].

Los espíritus simplistas han resuelto bravamente la cuestión diciendo: es indudable que el mal existe, únicamente el demonio puede causar este Mal. Ergo...

Espíritus más complicados y más juiciosos han tratado vana y porfiadamente de resolver el arduo problema: Pascal, Spinoza, Leibnitz han confesado su angustia y reconocido su impotencia ante este terrible enigma.

---

[1] Sería hacer agravio al lector advertirle que no hade confundir esta duda razonada, fría y metódica con el escepticismo, escandaloso e inconsistente, de que alardea burlonamente Quevedo, cuando le dice a su amigo Polo que no cree que haya diablos porque él no ha visto ninguno:

...Pues yo te juro, Polo, que
deseo ver, desde que nací, virg... y diablos,
y ni los virg... ni los diablos veo.

En el caso de Quevedo nos hallamos muchos, pero en vez de deducir de nuestra poca experiencia una prueba, en pro o en contra, nos limitamos a envidiar a los más afortunados, que han tropezado con diablos y con hímenes, y atribuimos nuestro fracaso a cortedad de la vista, a poca maña y a mala suerte.

[2] Lo más juicioso sería atenerse a este buen consejo de Gil de Oto: "A los que escuchan más a su fe que a su razón debemos escucharlos, pero no creerlos, mientras no razonen." "Es en vano -escribe Lord Byron- que se me diga: No razones, cree. Es tan inútil como si se me dijera en mis largas y atormentadas noches de insomnio: no veles, duerme.

Renán nos ha dado el mejor camino de la duda: "No neguemos nada; no afirmemos nada; esperemos." (Manuel Gil De Oto, Breviario del hombre cínico.)

No podían estos hombres dar como solución del problema la sencilla explicación de los pueblos primitivos que habían hecho del Bien y el Mal dos principios iguales, opuestos y coetáneos. De esta suerte Dios y el Diablo, se repartían el gobierno del mundo y estaban ambos poderes rivales empeñados fieramente en una lucha sin fin. No era posible tampoco que admitieran filósofos tan sesudos la existencia de un Infierno como el que describe ingenuamente en su libro *Las maravillas del otro Mundo* de P. Francisco Arnoux, canónigo de la catedral de Riez.

Este Infierno, bueno para viejas gafas, pero no para filósofos, está descrito con encantador realismo: "En el Infierno -traducimos a la letra- un diablo le grita a otro: "Pega, desuella, ahoga, mata, asesina sin perder tiempo; pon sin tardanza a este en las llamas, arroja a este a los homos y a las calderas hirvientes". Y las mujeres vanas tendrán entre sus brazos un cruelísimo dragón inflamado, o si mejor lo prefieres, un diablo en forma de dragón, el cual les ligara con su cola serpentina los pies y las piernas, al propio tiempo que lastimara todo su cuerpo con sus crueles garras, pondrá su babeante y apestosa boca sobre la boca de las condenadas y vomitara sobre ellas llamas de fuego y azufre con ponzoña... Y finalmente este dragón les causara mil dolores, mil cólicos y crueles retortijones de vientre. Y todos los condenados gritaran con los diablos: "¡Aquí está esta pécora! ¡Aquí está esta p...! ¡No dejéis de atormentarla! ¡Sus, sus, diablos! ¡Sus, demonios! ¡Sus, sus, furias infernales! ¡Aquí está esta zorra! ¡Aquí está esta p...! ¡Arrojaos sobre esta mala p... y dadle toda clase de tormentas!"

No; no podían Spinoza ni Pascal, creer en un infierno en que hablan los cruelísimos demonios un lenguaje de burdel.

El canónigo ramplón rebasa ya la medida al interpretar, en la forma que se ha visto, el simple mito cristiano, desfiguración grotesca de viejos mitos poéticos.

No admite comparación nuestra leyenda judaico-cristiana de Satanás y el Infierno con el bello mito egipcio que hace del amado

Set un dios aborrecible y malo, porque se cree que ha ayudado a los barbaros asirios, que cayeron sobre Egipto como una plaga maldita. El dios caído, que se trocaba en diablo, cambió su nombre por el de Baba. También se llama Apap y Smu, y de él se afirma que se alimenta con cadáveres, que devora los corazones, que aterra a los débiles. Los días dedicados a él son nefastos y solo le adoran los que confían en su dañino poder para causar maleficios. Se le representa en figura de serpiente, de áspid, y en ocasiones de asno o de cuervo. Cuando está en las constelaciones celestes del periodo de invierno, se presenta bajo la forma de un hipopótamo. Créesele padre del feroz cocodrilo *usako*; atribúyesele el haber creado las diosas malvadas de la Fenicia, Annata y Astarté, grandes diosas que conciben y no paren. Y se afirma que él es quien se apodera de la luz y desparrama las tinieblas, y que no solo reina sobre los bárbaros pastores de Asia, sino que también es el dios de los negros etíopes, de esos hombres tan feroces que tienen el mismo color de las tinieblas.

Desde entonces ocupa Osiris el puesto que antes ocupaba Set, y reina con Isis su esposa, diosa de la Naturaleza, y con Horo su hijo, emblema de la vida. Los padres y el hijo tienen la misma edad, son coetáneos, y juntos forman la sagrada trinidad del Universo, que no es distinta de Osiris, sino que es Osiris mismo, que en sí mismo engendra y renueva. Pero Tifón (nombre que dieron los griegos al dios malvado) quiso vengarse, y un día, ayudado de setenta demonios, coge a Osiris, lo encierra en una caja de madera, la hace sellar con plomo derretido y la arroja al Nilo, en cuyas aguas muere el dios ahogado.

- El Nilo, al sentir en su seno el dios muerto, crece, brama, se desborda e inunda los campos con sus enrojecidas aguas. Entonces Set esparce sobre la Tierra su hilito frio, amortigua la luz y seca las llanuras. Todos los seres lloran la muerte de Osiris; hasta las plantas participan del dolor universal, y muchas mueren de tristeza. El escarabajo se esconde debajo de las piedras, el ibis huye a otros países, el cocodrilo se sumerge en el cieno, y el egipcio, desolado, va en peregrinación gritando: ¡El Dios ha muerto, mientras el maléfico y dañino Set todo lo agosta!

La diosa Isis, desesperada, va recorriendo la Tierra llamando a gritos a su divino esposo, hasta que le encuentra en Biblos, a donde las aguas habían llevado la caja que guardaba su cadáver y que el malvado Set había arrojado al Nilo. Isis saca el cadáver del dios y lo esconde en la espesura del bosque.

Precaución vana. Set lo ha vista, y se apresura a descuartizar el cadáver, que corta en catorce pedazos, que luego esparce con furia. Isis busca los despojos y los encuentra todos, menos uno. Falta el órgano que la fecundaba. Entonces, reconstruyendo el cuerpo, pone en lugar del miembro perdido un espádice de sicomoro, y Osiris, resucitado, envía a su hijo Horo a la caza de Set, con orden de darle muerte. Con el auxilio de Joht, el tiempo, Horo vence a Set, pero no le mata.

Pompeyo Gener[3], a quien nosotros copiamos, ha tornado como guía a Chabas, al que acude luego para dar en pocas líneas la interpretación del viejo mito:

"En el Egipto la vegetación surge casi por si sola; basta que el hombre o las aves dejen caer la semilla en los campos sobre los que el Nilo ha depositado su limo para que las plantas broten lozanas en la siguiente estación. Los egipcios veían los vegetales crecer a impulsos del Sol, que hace germinar los granos perdidos en el seno de la tierra; veían los animales esconderse en una época y reaparecer en otra; veían las inundaciones periódicas del Nilo, que cada ahora se reproducían con exactitud casi matemática. Las aguas bajaban enrojecidas por la tierra, se desparramaban sobre los campos y luego que se retiraban se secaba todo. La inundación duraba setenta y dos días, durante los cuales el Sol palidecía, no volviendo a cobrar su fuerza hasta la estación siguiente. De estas

---

[3] Pompeyo Gener, La Muerte y el Diablo (Historia y Filosofía de las dos negaciones supremas). Edición española. 1885

observaciones repetidas dedujeron los egipcios que el Sol, Osiris, era un dios inteminente, que era asesinado por Set, el invierno, con la ayuda de los 72 días de inundación. Los vegetales que después brotaban, crecían por contener la fuerza del divino Osiris y era simbolizado por el sicomoro. Isis, la Naturaleza pasiva, representada por la Luna, le evocaba; aparecía luego el Sol, más potente, de la primavera, que hacía surgir la vegetación. Era Horo, que, triunfante de Set, se levantaba radiante en el cielo. Y para este drama se repetía en Egipto cada año, al cambiar las estaciones, en el inmenso teatro de la Naturaleza."[4]

La interpretación simplista de la lucha entre el Bien y el Mal, entre el dios bueno y el demonio destructor, tenía en el viejo Egipto una ingenuidad graciosa, bien diferente de la imponente leyenda que se nos da como dogma a los cristianos, dando ocasión a interpretaciones groseras y terroríficas como la del P. Arnoux.

Y no se diga que este es un ejemplo singular y aislado.

La idea de un Infierno tenebroso, cruel y eterno, se halla en la misma esencia de la religión judaico-cristiana. Satán, el contradictor del Jehová (Iahveh), mosaico, tiene que ser forzosamente un ser implacable, vengativo y sañudo, para que esté en la gradación debida con relación al dios colérico, fieramente justiciero, sanguinaria y sereno que se nos describe en los textos bíblicos: "La tierra es su escabel; los elementos son sus agentes; distintos de Él, los creó para servirse de ellos y los maneja a capricho, sin ley, sin formulas, sin relación fija. Cada acción suya es un milagro. Detiene el Sol, tiñe la Luna de color de sangre, hace llover fuego de las nubes, cambia todo de lugar; en su gran furor, arranca los montes de cuajo; a su voz congréganse las aguas en el cielo;

---

[4] Análoga era la idea que encerraba la leyenda de Ceres, Proserpina y Plutón. Ceres era la vegetación; Proserpina, nutrida por un Titán, personificación de las fuerzas geológicas, no era más que el grano que entra en la capa subterránea, absorbido por Plutón, imagen del poder creador que allí reside. Permanecerá tres meses en el interior del mundo, y luego saldrá a la luz y gozará de ella nueve meses. ¿Quién la arranca del Infierno? Hermes, el trabajo, el cultivo, que hace brotar el vegetal. - (Pompeyo Gener, ob. cit.)

remóntanse las nubes desde el confín de los horizontes, disparándose los rayos en medio de la lluvia y desencadénanse los vientos; y luego, con sólo una amenaza, seca el mar y agota todos los ríos...

Es el dios de su pueblo, al cual gobierna como si fuera un rey absoluto. La casa de Jacob es para sí el Israel su posesión. El mismo vigila por su ley y se basta para castigar sus infracciones. Cuando su pueblo se aparta de Él, no titubea en enviarle la peste y todas las miserias... Para El todo lo que no es judío, ha nacido en vano. Como Él no tolera la competencia, no quiere tampoco que su pueblo pueda tener competidores. Para su pueblo tiene siempre una perspectiva de poder y de prosperidad; para los otros inspira solo profecías de exterminio. Envía a los egipcios, cananeos, filisteos y babilonios, plagas de ranas, de piojos, de moscas y de langostas. Hambre, peste, granizo, tinieblas, fuego del cielo, la muerte de todos los primogénitos, inundaciones, incendios y carnicerías, he aquí lo que les destina a las naciones extranjeras. Al combatir ordena violación de las doncellas, el degüello de los niños y de los ancianos, el saqueo de los tesoros. Hace que los padres coman carne de sus propios hijos, da las mujeres a otros que no son sus maridos; y si su pueblo es vencido (lo que ocurre con frecuencia) y va al cautiverio, le insurrecciona, o levanta una nube de persas y allana el camino a Ciro, que los dirige. Es un dios vengativo, un dios de ira. ¡Ay del que haya luchado contra su pueblo! El día de la venganza no ha de encontrar refugio. El mar se abrirá para tragarlo, los muros de sus fortalezas caerán hechos polvo; hasta el Sol y la Luna detendrán su curso para prolongar el exterminio."[5]

---

[5] La lectura de los textos bíblicos, y más especialmente los escritos de Jeremías, de Amós, de Nahúm, de Ageo y de Malaquías inclinan el acobardado ánimo a tener pánico -no un amoroso res- peto al tronitoso e irascible Jehová. Jeremías da comienzo a sus truculentos vaticinios anunciando que el Señor le ha dicho que «del aquilón se extenderá el mal sobre rodos los moradores de la tierra". El castigo que va a alcanzar a todos los pueblos, sólo lo merecían en realidad los ingratos israelitas, cuyas maldades va descubriendo el ceñudo Jeremías con estas escandalosas metáforas: "Se han hecho caballos que están en celo y hacen casta: cada uno relinchaba a la mujer de su prójimo... Los harté y adulteraron y lujuriaban en casa de la ramera." Luego descubre el Señor su ira rugiendo: "¿Y en gente como esta no he de vengar mi alma?" Consiste la

El demonio que se podía contraponer al terrible dios de Jeremías, había de ser por fuerza un ser malvado capaz de discurrir y de ejecutar las pocas fieras maldades que no se atribuían a Jehová. En cierto modo el Satanás ideado por la Iglesia judaico-cristiana, más que el rival y el contradictor de Dios, es su ofensivo complemento, -lo que el jefe de policía y el verdugo son con relación a un tirano". Cuando al fin llegue el anunciado y temido día del juicio final, el diablo será implacable encargado de cumplir los desfavorables fallos del severo Juez.

Mientras este día llega, Dios se sirve frecuentemente de Satanás, confiándole el papel indigno y falaz de *agente provocador*. Con el permiso del Omnipotente Dios -algunas veces por su mandato- , el diablo tienta e induce a la perdición a los que quieren salvarse, las primeras víctimas de este peligroso juego fueron los padres del género humano, caídos en diabólica celada, que su inocencia paradisiaca no les dejó sospechar. Las consecuencias de esta confabulación irresistible entre los dos poderes contradictorios, Dios y el demonio, fueron de tal gravedad, que no han sido remediadas, ni aun haciendo después Dios el sacrificio, tardío e inútil[6], de enviar al mundo a su hijo para lavar con su preciosa sangre un pecado que pudo evitarse a tiempo.

---

venganza en enviar contra los olvidadizos un pueblo de valientes, que se comerán las mieses, devoraran a los hijos y las hijas de los israelitas, destruirán las villas y las higueras, quebrantarán con la espada las ciudades fortalecidas en las que tenían su confianza. En todas las profecías de este terrible agorero se repite la amenaza de que todo será destruido. El propio Jeremías llega a alarmarse, y con temor muy justificado, dice al colérico y vengativo Jehová -Castígame, Señor, pero con juicio, y no con furor, no sea que me reduzcas a la nada.- (Cap. X, v 24).

[6] "Si hay cien mil condenados por cada bienaventurado salvo, el diablo lleva siempre la ventaja, sin haber entregado su hijo a la muerte." (Diderot)

Tiene un valor documental enorme una de las cartas que San Pablo dirigió a los corintios. Empieza con estas alarmadoras palabras: "Por cosa cierta se dice que hay entre vosotros fornicación tan escandalosa que no la hubo igual ni aun entre sus gentiles; tanto que alguno abusa de la mujer de su padre." Esto nos prueba que los primeros cristianos habían olvidado pronto el buen ejemplo de su Divino Maestro. Afea el apóstol estas censurables prácticas, y queriendo hacer escarmiento en un tal que, por lo visto, ha hecho más abuso, ordena que "sea entregado a Satanás para mortificación de la carne, y que su alma sea salva en el día de Nuestro Señor Jesucristo". Santo Tomas estima este fallo, que limitaba el castigo a la penalidad de este mundo, como una prueba de la virtud y del poder de San Pablo.

La lamentable experiencia del Paraíso no sirvió para probar cuan peligroso era dejar al travieso y favorecido Satán tentar a los hombres, con fuerzas e ingenio muy limitados.

Hay en la Biblia un testimonio patente de la incomprensible confabulación de Jehová y el diablo. Horripila y anonada leer en el *Libro de Job* como caen sobre este justo los contratiempos, las enfermedades y todos los fieros males, porque Iahveh ha hecho una apuesta con Satanás.

Jehová dice estar seguro de que Job es un varón íntegro y recto, temeroso de Dios y alejado del mal. Satán, que viene de recorrer toda la tierra -donde ha hecho con largueza sus acostumbradas y toleradas maldades- trae mal juicio de los hombres, que quiso hacer el Señor a imagen suya. Cínicamente dice el demonio a Iahveh que Job aparenta mañosamente que es bueno, porque han llovido sobre él todas las gracias y todos los bienes. "Toca su hacienda -dice Satán- y verás lo que tarda en renegar de ti." Jehová acepta el reto, y seguro de la rectitud de Job, le da al demonio autorización ilimitada para que le ponga a prueba.

Los daños que cayeron sobre el desdichado Job y la paciencia con que todo lo sufrió el cuitado, son proverbiales. Sin duda Dios le ayudó -ardid que no sería leal, cuando mediaba una apuesta- y hoy se nos da como ejemplo su lamentable tragedia; pero no a todos nos ha sido concedida un alma de tan buen temple, y en los continuos combates que ha sostenido la Humanidad con el verdugo -no digamos el auxiliar ni el amigo- del incomprensible Dios, son muy contados los casos en que el favorecido Satanás ha salido derrotado.

La tolerancia que el Señor muestra a este indigno Satanás -que hizo pecar a David y a Salomón y que se atrevió a tentar al mismo Dios en la persona de Jesucristo -ha hecho pensar que puede ser el demonio una emanación del propio Iahveh.

"El hebreo -escribe Gener para amparar esta hipótesis- después de haber creído que Iahveh hacia el mal y el bien, tuvo una tendencia

11

a suponer en el mal un origen distinto, sobre todo a partir de la época en que el mal recaíale siempre a él, nunca a sus enemigos. No concibiendo que el Dios que adoraba fuese su contrario en tales casos, el mal habíale de venir por fuerza a instigación de otra personalidad, la cual, dada la omnipotencia de Jahveh, no podía menos que estarle subordinada. De aquí el que surgiera la personificación de este Satán, crítico pesimista de la obra humana, enemigo de Israel, que en principio colaboraba aun con Dios en su maléfico cargo, a quien está subordinado, pero que se emancipa luego, y absorbiendo todas las funciones maléficas de Iahveh, para ejercerlas por su propia cuenta, en oposición a aquel. Los antecedentes de Satán deben buscarse en las cualidades maléficas de Iahveh, dentro del cual se agita confusamente, se desprende de Él ya en el *Libro de Job*, y a partir del cautiverio de Babilonia va emancipándose, bajo la influencia persa, hasta que llega a ser su antítesis en el periodo cristiano, en que recibe el refuerzo que el paganismo moribundo le trae con sus dioses infernales."[7]

Es tan antigua, tan probada y tan trascendental la intervención del demonio -las endemoniadas intenciones, cuando menos-, en las

---

[7] El espeluznante Infierno que tenemos los cristianos, es, con pocas diferencias de detalle -tizonazo más o menos-, el mismo Infierno que describió con minuciosidad Platón. Hecho el juicio de los muertos, los justos pasarán a la derecha del tribunal sentenciador, y subirán al cielo; los culpables se colocan a la izquierda para descender a los antros subterráneos. Seres de aspecto feroz están encargados de ejecutar la sentencia. Luego de desollar a los malvados, los llevarán a la rastra para precipitarlos al Tártaro, de donde no saldrán jamás. No olvidemos añadir que Lucrecio, Diógenes, Epicuro y otros filósofos reían a carcajadas cuando alguien les hablaba del Tártaro de Platón. La posibilidad de que exista el imponente Infierno infinito con que nos amenaza la Iglesia ha sido muy discutida. Diderot da estas razones en contra: "Lo que los atroces cristianos han traducido por eterno, no significa en hebreo más que duradero. La ignorancia de un lingüista y el humor feroz de un intérprete, han dado origen al terrible dogma de la eternidad de las penas." Hace siglos que se pide a los teólogos que pongan de acuerdo el dogma de las penas eternas con la misericordia infinita de Dios, y aún no han contestado nada juicioso. No debemos imaginar a Dios ni demasiado bueno ni extremadamente malo; la justicia está entre el exceso de la clemencia y de la crueldad, así como las penas justas están entre la impunidad y las penas extremas." "Se me puede exigir que busque la verdad, pero no que la encuentre. ¿No puede un sofisma impresionarme más vivamente que un razonamiento sólido? ¿Qué debo temer si me engaño inocentemente? Si no se recompensa en el otro mundo por haber tenido en este talento, a nadie se ha de castigar por carecer de él. Condenar a un hombre porque ha razonado mal es olvidar que es un necio para tratarle como a un malvado."

12

más de las acciones humanas, que es muy comprensible y lógico que se hayan preocupado mucho los hombres de averiguar el origen, la importancia y la misión de estos dañosos espíritus.

Las hipótesis son infinitas. Collin de Plancy ha resumido en su Diccionario infernal las más notables. A el acudimos para completar este capítulo.

Los antiguos admitían tres especies de demonios: los buenos, los malos y los neutros (Eudamón, Cocadamón, Damón). Los primeros cristianos tan sólo reconocían dos, los buenos y los malos. Los demonólogos lo han confundido todo, y para ellos cualquier demonio es un espíritu maligno. Los antiguos juzgaban de diverso modo: los dioses y aun el mismo Júpiter son llamados demonios por Homero.

•El origen de los demonios es muy antiguo, pues todos los pueblos lo hacen remontar más lejos que el del mundo. Aben-Esra pretende que debe fijarse en el segundo día de la creación. Menases -Ben-Israel, que ha seguido la misma opinión, añade que Dios, después de haber creado el Infierno y a los demonios, colocolos en las nubes, y les dio el encargo de atormentar a los malvados[8]. Sin embargo, el hombre no estaba creado el segundo día; no había malvados que castigar; y los demonios no han salida tan malignos de la mana del Creador, pues son ángeles de luz convertidos en ángeles de las tinieblas por su caída.

Orígenes y algunos filósofos sostienen que los buenos y malos espíritus son más viejos que nuestro mundo, porque no es probable que Dios haya pensado de golpe, tan sólo a seis o siete mil años[9] en crearlo todo por primera vez. La Biblia no habla de la creación de los ángeles ni de los demonios, porque, dice Orígenes, eran inmortales y habían subsistido después de la ruina de los

---

[8] De resurrectione mostuorum, lib. III, cap. 6.
[9] La versión de los Setenta da al mundo mil quinientos o mil ocho-cientos años más que a nosotros. Los griegos modernos han seguido este cálculo, y el P. Pezron lo da por bueno, en La Antigüedad restablecida.

mundos que han precedido al nuestro. Apuleyo piensa que los demonios son eternos como los dioses[10]. Manés y los que han seguido su sistema hacen también eterno al diablo y lo miran como al principio del mal, así como a Dios por principio del bien. San Juan dice que *el diablo es embustero como su padre*[11]. Dos medias tan sólo hay para ser padre, añade Manés, la vía de la generación y la de la creación. Si Dios es el padre del diablo por la vía de la generación, el diablo será consubstancial a Dios; esta consecuencia es impía; si lo es por la creación, Dios; en este caso nadie le ha hecho, luego es eterno, etc.

Los descubrimientos de los teólogos y de los más hábiles filósofos son también a la verdad poco satisfactorios. Por esto es preciso atenerse al sentimiento general. Dios había creado nueve coros de ángeles, los Serafines, los Querubines, los tronos, las dominaciones, los principados, las virtudes de los cielos, las potestades, los arcángeles y los ángeles propiamente dichos. Al menos así lo han decidido los santos padres más de mil doscientos años ha. Toda esta celeste milicia era pura y jamás inducida al mal. Algunos, no obstante, se dejaron tentar por el espíritu de la soberbia[12]; atreviéronse a creerse tan grandes como su Creador y arrastraron en su crimen a los dos tercios del ejército de los ángeles[13]. Satanás, el primero de los serafines y el más grande de los seres creados, se había puesto a la cabeza de los rebeldes. Desde mucho tiempo[14] gozaba en el cielo una gloria inalterable y no reconocía otro señor que el Eterno. Una loca ambición causó su perdida; quiso reinar en una mitad del cielo y sentarse en un trono tan elevado como el del Creador. Dios envió contra él el arcángel San Miguel, con los

---

[10] Lib. de Deo Socratis.
[11] Evang. sec. Joan, cap. VIII vers. 44.
[12] He aquí lo que confundía aún a los maniqueos, pues preguntaban: ¿Cuál era ese espíritu de soberbia y quién le había creado? Como si no debiese entenderse metafóricamente.
[13] Cesario de Heisterhach dice que entre los ángeles no hubo rebeldes sino en la proporción de uno por diez, y que sin embargo era tan grande su número, que llenaron con su caída todo el vacío de los aires. (De doemonibus, cap. 1.) Hase seguido el cálculo de Milton y de los demonómanos que deben conocerse.
[14] Ángeles hie dudum fuerat...

ángeles que permanecieron en la obediencia: una terrible batalla diose entonces en el cielo. Satanás fue vencido y precipitado al abismo con todos los de su partido[15]. Desde este momento, la hermosura de los sedicios se desvaneció, sus semblantes se obscurecieron y arrugaron, cargáronse sus frentes de cuernos, de su trasero salió una horrible cola, armáronse sus dedos de corvas unas[16], la deformidad y la tristeza reemplazaron en sus rostros a las gracias y a la impresión de la dicha; en fin, como dicen los teólogos, sus alas de puro azul se convirtieron en alas de murciélago; porque todo espíritu bueno o malo es precisamente alado[17].

Dios desterró a los ángeles rebeldes lejos del cielo, a un modo que nosotros no conocemos y al que llamamos *el infierno, el abismo o el imperio de las sombras*. La opinión común coloca este país en el centro de nuestro pequeño globo. San Atanasio, muchos otros padres y los más famosos rabinos dicen que los demonios habitan y llenan el aire. San Próspero les coloca en las nieblas del mar. Swiden ha querido demostrar que tenían su morada en el Sol, otros los han puesto en la Luna; San Patricio los ha visto en una caverna de Irlanda: Jeremías Erejelio conserva el infierno subterráneo, y pretende que es un grande agujero, ancho de dos leguas; Bartolomé Tortolei dice que hay casi en medio del globo terrestre una profundidad horrible, donde jamás penetra el sol, y que esto es la boca del abismo infernal[18]. Milton, al cual será preciso tal vez referirse, coloca los infiernos muy lejos del Sol y de nosotros.

Sea como fuese, para consolar a los ángeles fieles y poblar de nuevo los cielos, según la expresión de San Buenaventura, Dios hizo al hombre criatura menos perfecta, pero que podía obrar bien y conocer a su Creador.

Satanás y sus partidarios, enemigos en delante de Dios y de sus obras, resolvieron perder al hombre si nada se oponía. Adán y

---

[15] Apocalipsis, cap. 5. vers. 7 y 9.
[16] El diablo habla con alguna diferencia en El diablo pintado por sí mismo.
[17] Omnes spiritus ales est. Tertull. apologet. cap. 22.
[18] Quest e la bucca de l' infernal area. Giuditta victoriosa, canto 3.

Eva, nuestros primeros padres, empezaban a gozar de la vida en un jardín de delicias, en el cual todo les era permitido, excepto el placer de tocar el fruto prohibido. Las Sagradas Escrituras decían que este fruto pendía de un árbol. Muchos sabios, y después de ellos el abate de Villars, sostienen que está vedada fruta era el gozo de los placeres carnales; que el hombre no debía ver a su mujer ni está a su esposo. Animado Satanás del poder de tentar al hombre, salió de la mansión en que estaba desterrado: de donde se ha deducido muchas veces que el castigo del ángel soberbio no era tan espantoso como dicen los teólogos exagerados, y que Satanás no estaba continuamente en el Infierno. Tomó la figura de una serpiente, el animal que entre todos tiene mayor sutileza. Transformado de este modo el ángel, ahora demonio, presentose ante la mujer e incitola a desobedecer a Dios. Eva fue seducida en un instante; sucumbió e hizo sucumbir a su compañero. El espíritu maligno volviose en seguida triunfante. Nuestros primeros padres, culpables, fueron arrojados del jardín de deleites, abandonados a los sufrimientos y condenados a muerte. De aquí proviene, pues, que debamos al diablo y a su genio envidioso la fatalidad de morir, lo que no sabemos si es en realidad un mal o un bien. Además, el diablo tuvo el poder de tentar a la primera mujer y al primer hombre y a toda su descendencia para siempre, cuando quiera; en caso de necesidad puede aún destacar al alcance de los humanos tantos demonios como juzgue conveniente; y el hombre es la presa de los infiernos, todas las veces que cede a las sugestiones del enemigo: sabido es que el Infierno, cualquiera que sea el lugar donde esté situado, es un país inflamado.

Tales fueron según los casuistas las consecuencias de la falta de nuestros primeros padres, falta que recayó sobre todos nosotros y que se llama el *pecado original*. Desde esta época, los demonios llegaron de todas partes a nuestra pobre tierra. Wierus, que las ha contado, dice que se dividen en seis mil seiscientas sesenta y seis legiones, compuestas cada una de seis mil seiscientos sesenta y seis ángeles tenebrosos; hace subir su número a cuarenta y cinco millones, o al menos muy cerca, y les da setenta y dos príncipes, duques, prelados y condes. Jorge Blovek ha demostrado la falsedad de este cálculo, haciendo ver que sin contar los demonios que no tienen empleo particular, tales como los del Aire y los guardianes de los infiernos, cada mortal tiene en la tierra el suyo. Si los hombres solos y no las hembras, gozan de este privilegio, hay en este mundo más de cuatrocientos millones de seres humanos... y el número de los demonios seria asombroso. No debemos, siendo así, asustarnos de ver las artimañas, las guerras, el desorden, las abominaciones esparcidas entre los mortales. Todo mal que en la tierra se obra, es inspirado por los demonios; y la historia de estos esta tan ligada con la de todos los pueblos, que imposible seria escribirla aquí toda entera.

Ellos han incitado a Caín al asesinato de Abel; ellos son quienes han sugerido a los hombres los crímenes que causaron el diluvio; por ellos se perdieron Sodoma y Gomorra; hiciéronse erigir altares entre todas las naciones, excepto en el pequeño pueblo judío; y aun algunas veces llegaron a recibir el incienso de Israel. Engañaron a los hombres por medio de oráculos y por mil prestigios falsos, hasta el advenimiento del Mesías. Entonces debla su poder humillarse, extinguirse; y sin embargo, se les ha hallado después más poderosos que nunca; se han visto y se ven casas no oídas jamás; las infernales legiones se muestran a los piadosos anacoretas; las tentaciones se hacen mis espantosas; multiplícanse las sutilezas y artimañas del diablo; excita este las tempestades; ahoga a los impíos, duerme con las mujeres; preside el porvenir por boca de las brujas adivinas; triunfa en medio de las hogueras... Y en estos siglos de las luces, envía a Mesmer, Cagliostro, muchos otros charlatanes y una multitud de saltimbanquis y de prestidigitadores para seducirnos aún con los hechizos del Infierno... Esto es al menos lo que dice el abate Fiard; esto es lo que pretenden con él, millares de graves pensadores.

¿Y qué decir de todo esto?... Desgraciadamente para sus sistemas, los demonómanos se contradicen a cada momento. Tertuliano dice en cierto lugar que los demonios han conservado todo su poder; que pueden estar en todas partes en un instante, porque vuelan de un extremo del mundo a otro en el tiempo en que nosotros damos un paso[19]; que conocen el porvenir; en fin, que predicen la lluvia y el buen tiempo, porque viven en el aire y porque pueden examinar las nubes. La Inquisición no andaba pues errada en condenar a los autores de almanaques como gentes que tienen estrecho comercio con el diablo... Pero el mismo Tertuliano dice después que este ha perdido todos sus medios y sería ridiculez el temerle, etc.

Refiriendo las innumerables contradicciones de lector. Bodin, autor bien conocido por la mala obra que ha compuesto contra los brujos y el diablo; los demás teólogos, no harían sino repetir los mismos dogmas, y esto sería cansar inútilmente a Bodin, que en su *Demonomanía* pinta a Satanás con los colores más negros, dice en este mismo libro, (capítulo primero): "Que los demonios pueden hacer bien, así como los ángeles pueden errar; que el demonio de Sócrates le alejaba siempre del mal y le apartaba del peligro; que los espíritus malignos sirven para la gloria del Todopoderoso, como ejecutores de su recta justicia, y que no obran cosa alguna sin el permiso de Dios..."

En fin, preciso es advertir que, según Miguel Psello, los demonios buenos o malos se dividen en seis grandes secciones. Los primeros son los demonios del fuego, que habitan en lejanas regiones; los segundos son los del aire, que vuelan alrededor nuestro y tienen el poder de excitar las tempestades; los terceros son los de la tierra, que se mezclan con los hombres y se ocupan en tentarlos[20]; los cuartos son los de las aguas, que habitan en el mar y en los ríos para levantar en ellos las borrascas y causar los naufragios; los

---

[19] Totus orhis illis locus unus est. Apologet, cap. XXII.

[20] Alberto el Grande, a quien los partidarios de la superstición toman algunas veces para su apoyo, dice formalmente: «Todos esos cuentos de demonios que llenan los aires, que vuelan alrededor de los hombres y que descorren el velo del porvenir, son absurdos que jamás la sana razón admitirá. Lib. VIII, trat. I, cap. II

quintos son los demonios subterráneos, que obran los terremotos y las erupciones de los volcanes, hacen hundirse los pozos y atormentan a los mineros; los sextos son los demonios tenebrosos, llamados así porque viven muy lejos del sol y jamás se muestran en la tierra. San Agustín comprendía toda la masa de demonios en esta última clase, Ignorase precisamente de donde Miguel Psello ha sacado cosas tan extravagantes; pero tal vez ha sido de su sistema de donde los cabalistas han imaginado las salamandras, a las cuales colocan en la región del fuego; las sílfides, que llenan el vacío de los Aires; las ninfas, que viven en el agua, y los gnomos, que tienen su morada en el seno de la tierra. Los curiosos instruidos de todo cuanto concierne a las cosas del Infierno, afirman que tan solo pueden llevar el nombre de *príncipes y señores*, los demonios que fueron antes querubines o serafines. Las dignidades, los honores, los cargos y los gobiernos les pertenecen de derecho. Los que han sido arcángeles llenan los empleos públicos. Nada pueden pretender los que tan solo han sido ángeles. El rabino Elías en su *Thisbi*, cuenta que Adán se abstuvo del trato carnal con su mujer por espacio de treinta años, para tenerlo con las diablesas, que quedaron embarazadas y parieron diablos, espíritus, fantasmas y espectros; esta última clase es muy despreciable.

Gregorio de Nicea pretende que los demonios se multiplican entre sí como los hombres; de suerte que su número debe crecer considerablemente de día en día, sobre todo si uno considera la duración de su vida, que algunos sabios han querido calcular, pues hay muchos que no los hacen inmortales. Una corneja, dice Hesíodo, vive nueve veces más que el hombre; un ciervo cuatro veces más que la corneja; un cuervo tres veces más que el ciervo; el fénix nueve veces más que el cuervo, y los demonios diez veces más que el fénix. Suponiendo de setenta años la vida del hombre, que es la duración ordinaria, los demonios deberían vivir seiscientos ochenta mil cuatrocientos años. Plutarco, que no acaba de comprender como se haya podido dar a los demonios tan larga vida, cree que Hesíodo, por la palabra de edad de hombre, no ha entendido más que un año, y concede a los demonios nueve mil seiscientos veinte años de vida.

Atribuyese a los demonios un gran poder, que el de los ángeles no siempre puede contrarrestar. Pueden hasta darle muerte; un demonio fue el que mato a los siete primeros maridos de Sara, esposa del joven Tobías. Tan supersticiosos como los paganos que se creían gobernados por un buen y un mal genio, imagínanse muchos cristianos tener incesantemente a su lado un demonio contra un ángel, y cuando hacen algún mal, es porque el primero es más poderoso que el otro.

En vez de dejar los infiernos a los espíritus rebeldes, parece que se les da la libertad de correr y trasladarse donde quieren, y el poder de hacer todo el mal que les plazca. ¿Quién duda, exclama Wecker, que el espíritu malvado no puede matar al hombre y arrebatarle sus más preciosos y ocultos tesoros? ¿Quién duda que ve claro en medio de las tinieblas, que es transportado en un momento donde desea, que habla en el vientre de los poseídos, que pasa a través de las más sólidas paredes?... Pero no hace todo el mal que él quisiera, su poder es algunas veces reprimido.

Así es que se complacen en atormentar a los mortales, ¡Y el hombre débil, obligado a luchar contra seres tan poderosos, es culpable y condenado si sucumbe!... Pero los que han inventado tan absurdas máximas se han confundido ellos mismos. Si el diablo tiene tanta fuerza y poder, ¿por qué las legiones de demonios no han podido vencer a San Antonio, cuyas tentaciones son tan famosas?

Léese en el santoral que San Hilario, no una sino muchas veces, se halló en riñas con los demonios. Una noche que la Luna disipaba la obscuridad, parecióle que un carro tirado por cuatro caballos se dirigía a él con una increíble rapidez. ¿Qué es lo que hizo San Hilario? Sospechó alguna treta del diablo, recurrió a la oración, y el carro se hundió al instante. Al acostarse Hilario, presentábansele mujeres desnudas; cuando oraba a Dios, oía balidos de carneros, rugidos de leones y suspiros de mujeres. Estando un día rezando muy distraído, sintió que un hombre se le encaramaba en la espalda, que le dañaba el vientre con unas espuelas y dábale fuertes golpes en la cabeza con un látigo que tenía en las manos, diciendo: "¡Pues que!, ¿tropiezas?..." Y después, riendo a carcajadas, le preguntaba si quería cebada, burlándose del santo, que había un día amenazado su cuerpo con no alimentarle con cebada sino con paja.

Los principales demonios están en la imaginación, y las pasiones son los demonios que nos tientan, ha dicho un padre del desierto, resistidles y huirán.

Muchas cosas podrían aun decirse sobre los demonios, y las diversas opiniones que de ellos se han formado. Los habitantes de las islas Molucas creen que los demonios se introducen en sus casas por el agujero del techo, y conducen a ella un Aire infestado que produce las viruelas. Para precaverse de esta desgracia, colocan en el paraje por donde pasan los demonios algunos muñecos de madera para espantar a los espíritus malignos, como ponemos nosotros hombres de paja en los campos para ahuyentar a los pájaros. Cuando estos isleños salen por la noche, tiempo destinado a las excursiones de los espíritus malvados, llevan siempre consigo una cebolla o un diente de ajo con un cuchillo y algunos pedazos de madera, y cuando las madres meten a sus hijos en la cama, no se descuidan de colocar este preservativo en sus cabezas.

Los siameses no conocen otros demonios que las almas de los malvados que saliendo de los infiernos donde están detenidas vagan un tiempo determinado por este mundo y hacen a los hombres todo el daño que pueden. De este número son los criminales ejecutados, los niños muertos después de nacidos, las mujeres muertas de parto y los que lo han sido en desafío.

Los singaleses miran las frecuentes tempestades de su país como una prueba cierta de que está abandonado este al furor de los demonios. Para impedir que los frutos sean robados, la gente del pueblo los abandonan al demonio, y después de estas precauciones, ningún natural del poblado se atreve a tocarlos; el propietario no osa cogerlos, a menos que llevando algunos de ellos a un templo, los sacerdotes que los reciban no destruyan el hechizo.

Capítulo II - El sacerdocio de Satanás

Los hechiceros, los brujos, son los sacerdotes del espíritu del Mal. Se precisaría mejor la idea y el verdadero concepto, importancia y extensión de la hechicería diciendo que son las brujas las sacerdotisas de Satanás. Es sin duda exagerada la afirmación que alguien hizo, en tiempo de Luis XIII de Francia, de que había diez mil hechiceras por cada hechicero, pero en todos los países y en todos los tiempos han sido las mujeres, y no los hombres las que han hecho importante, aborrecida y temible la hechicería.

Cree Michelet que la Naturaleza hace a las mujeres hechiceras. Lo justifica diciendo que "es el genio propio, el temperamento de la mujer. Nace ya hacía: por el cambio regular de la exaltación es sibila, por el amor maga. Por su agudeza, por su astucia, a menudo fantástica y benéfica, es hechicera y da la suerte, o a lo menos adormece, engaña los males."

La bruja es, para Grillot de Givry, una consecuencia lógica del rigor con que la Iglesia cristiana vedaba a las mujeres intervenir directamente en el servicio del Señor. Como desquite, como protesta y como venganza -tres impulsos muy propios de las mujeres- se dirigieron al rival de Dios, que las acogía con alegría y benevolencia.

Es punto menos que imposible hacer una definición exacta del hechicero: sus funciones eran múltiples y había diversas especies de hechiceros y hechiceras.

La principal función del brujo era *echar suertes* sobre las personas a las que querían mal. Llamaban sobre los aborrecidos la maldición del Infierno, del mismo modo que el sacerdote suplica para los fieles la bendición del Cielo.

Podía también el hechicero -siempre con la mediación del diablo- conseguir provechos temporales para los que se avenían a hacer un pacto con Satanás.

Consistían estos pactos en comprometerse a vender el alma a Satán o a uno de sus satélites, a condición de recibir de él protección y ayuda para triunfar en la vida.

Terminado el pacto, se presentaba puntualmente el demonio a reclamar su presa.

En el *Dragoncillo rojo* y en otros grimorios celebres se encuentran diversas fórmulas para evocar a los demonios con los que se desea hacer un pacto.

Algunos hechiceros hábiles conocían el arte de hacer aparecer a satanás o a los demonios subalternos del numeroso ejército infernal.

Por error, solía llamarse hechiceros a individuos que no eran en realidad otra cosa que *espiritados*[21], a los que Satanás atormentaba con el maligno propósito de alejarlos de Dios, al que los desdichados posesos intentaban consagrarse. Con los ascetas y con las monjas se ensañaron los demonios, consiguiendo, en ocasiones, escandalosas y lamentables victorias.

A los alquimistas, a los astrólogos, y en general a cuantos estudiaban las ciencias físicas y naturales, se les tuvo durante siglos como hechiceros.

Entre las víctimas de esta ignorancia, merece ser recordado el franciscano ingles Rogerio Bacon, quien pasó encarcelado una buena parte de su vida, a pesar de haber escrito contra la Magia. Se le ha atribuido la invención de la pólvora y la de los anteojos de larga vista. Fue muy versado en las bellas artes, y como sobrepujaba a todos sus hermanos de religión por sus conocimientos

---

[21] Antiguamente se llamaba espiritado al que parecía tener los demonios en el cuerpo. Cervantes pone en boca de Preciosa, la protagonista de La Gitanilla, estas palabras ponderativas: "Tú sabes de amor, tú sabes de celos, tú de confianzas: ¿cómo es esto? Que me tienes loca y te estoy escuchando como a una persona espiritada que habla latín sin saberlo." Uno de los signos de la posesión diabólica era mostrar conocimiento de lenguas nunca estudiadas. De los dos niños posesos de Illur (de ellos tratamos en el último capítulo), se ha dicho que hablaban, además del alemán y francés, latín, inglés y vascuence, lenguas que nunca aprendieron.

y la sutileza de su ingenio, se dio por cierto que debía su superioridad a los demonios, con quienes comerciaba noche y día.

Hay tanta arbitrariedad en la distribución de títulos y patentes de hechiceros, que son frecuentes los casos como el de Isabel Bartou, religiosa inglesa que en 1525 se sintió de pronto inspirada y empezó a profetizar. Unos dijeron que la inspiraba el demonio, otros la creyeron santa. Enrique VIII fue uno de los que creyeron que Isabel estaba endemoniada, y ordenó su proceso y su condena. Algunos frailes, que creyeron en la santidad de la iluminada, fueron también perseguidos.

Los brujos operaban generalmente solos, sus diversos aetas maléficos; pero periódicamente se reunían en los aquelarres[22].

Para trasladarse al aquelarre había que preparar previamente el llamado ungüento de las brujas, en el que entraba, entre otros ingredientes, sangre de abubilla y de murciélago, sebo y raspaduras de bronce de las campanas. Hecho el ungüento, untaban con él un palo (frecuentemente un palo de escoba), que había de servirles de montura, pronunciaban una consagración horrible y partían remontándose en el Aire.

De los grabados en que ofrecemos distintas escenas de brujería, merece una mención especial el titulado *Abomination des Sorciers* en el que se encuentran los más de los elementos del llamado arte satánico. Cuatro brujas se desnudan en el interior de una verdadera casa de brujas para acudir al aquelarre en la desnudez completa que era de ritual obligado: la desnudez de Eva en el Paraíso. Mezclado con las mujeres, un hombre (un brujo) sobre cuya cabeza descansa un murciélago, lee un grimorio. En el suelo se ve

---

[22] De la costumbre, largo tiempo respetada, de celebrar siempre en sábado las asambleas diabólicas, nació el hábito de considerar voces sinónimas el aquelarre y el sábado.
Aquelarre es palabra vasca, que equivales a Prado del cabrón. Tiene importancia señalar la etimología de este vocablo, más español -más usado, cuando menos- que el de sábado, porque evidencia dos casas: Primero, la importancia que tuvo en otro tiempo la hechicería entre los vascos, especialmente en las regiones que hoy pertenecen a Francia; segundo, la frecuencia con que Satanás tomaba la forma de cabrón o macho cabrío para presidir sus asambleas nocturnas.

un cráneo en el centro de un círculo, en el que se han trazado signos cabalísticos. Este círculo juega un papel considerable en casi todas las operaciones de brujería. Cerca del cráneo hay un libro abierto sobre el que se ve *el sello de Salomón*. En la chimenea encontramos el caldero donde se prepara el ungüento, en el que se han acomodado fantásticos animales. En la repisa de la chimenea esta la mana de un esqueleto, *la mano de gloría* y una vela. En una alacena, a la izquierda, se ven los potes con los ungüentos, las drogas y uno de los aparatos destinados a la adivinación.

Cerca de la chimenea, tres brujas desnudas, se disponen a partir montadas en sendos mangos de escoba: en la campana de la chimenea se ven las piernas de una cuarta bruja que ha emprendido ya su vuelo. Este es el camino obligado y natural que las brujas siguen para dirigirse al aquelarre. Jamás salía una bruja por la ventana ni por la puerta. El boquete angosto y humoso de la chimenea es la comunicación habitual con la región misteriosa donde triunfa Satán, esperando la llegada de sus fieles. No olvidó Goethe este detalle en la escena de la cocina de la bruja de la primera parte de Fausto:

Beim Schmause aun dem Haus
Zum Schornstein hinaus!

Los brujos y las brujas solían acudir al aquelarre en forma humana, pero no era raro que algunos tomaran, por un refinamiento de perversión grato a Satán, forma animal, de macho cabrío especialmente.

Esta última versión es la que adopta Goya en su impresionante cuadro *Transformación de las brujas*. Cuatro brujas horribles se transforman en bestias; una de ellas, que se ha convertido en lobo, tiene la vista fija en una de sus compañeras, que sale por la chimenea, camino que ella va a seguir en breve.

Gaspar Isac exc.

ABOMINATION DES SORCIERS

Est il rien qui soit plus damnable,
Ny plus digne du feu d'enfer,
Que cette engeance abominable
Des ministres de Lucifer!

Ils tirent de leurs noirs mysteres
L'horreur, la hayne le debat,
Et font de sanglans caracteres
Dans leur execrable Sabat.

C'est la que ces maudites ames
Se vont preparer leur tourment,
Et qu'elles attisent les flammes
Qui bruslent eternellem[ent]

Se aseguraba que cuando un brujo tenía que acudir al aquelarre, era imposible contrariar su propósito. Era capaz de vencer todos los obstáculos, saliendo, en caso de necesidad, por el ojo de la cerradura. En estos casos desesperados, solían los brujos trocarse en animales para burlar más fácilmente a los que se oponían a sus designios.

Se refiere el caso del marido de una bruja, quien, para impedirla que acudiera al aquelarre, la ató a la cama con muy fuertes ligaduras. La mujer se trocó en murciélago y se escapó de la casa, huyendo por la chimenea. Los brujos transformados en animales, y principalmente en lobos, sembraban el terror en los campos.

El demonógrafo Boquet refiere en su *Discours execrable des sorciers* que un cazador encontró un día, en las montañas de Auvernia, un enorme lobo que le acometió. Logró el cazador cortarle una pata, y el animal huyó lanzando grandes aullidos. Metió el cazador la pata en su morral y fue a pedir hospitalidad a un señor amigo suyo, al que deseó mostrar el producto de su caza. Al ir a sacar la pata, vio, con el natural asombro, que se había trocado en la mano de una mujer, y que llevaba en uno de los dedos una sortija que el amigo del cazador reconoció por pertenecer a su consorte. Fue luego en busca de esta y se dio cuenta de que ocultaba bajo el vestido uno de sus brazos mutilados. Le faltaba una mano, que era, como bien se comprobó, la que el cazador había sacado del morral. Se obligó a declarar a la mujer que era bruja y que se había transformado en lobo para ir a un aquelarre. El marido la entregó a la Justicia, y fue quemada.

El aquelarre excitaba una gran curiosidad entre todas las clases sociales, y se buscaban todos los medios para asistir a estas misteriosas asambleas. Pero no era fácil encontrar el padrino que quisiera encargarse de iniciar a los pretendientes en las ceremonias preparatorias, porque los privilegiados se mostraban celosos guardadores de su secreta. La receta para la confección del ungüento indispensable para hacer el viaje aéreo era un precioso secreto muy difícil de lograr. En ocasiones el mismo diablo daba el ungüento, favor que debía de ser muy raro, pero que dieron por cierto cinco personas que fueron acusadas de brujería en Arras, en el año 1460. Declararon: Que cuando querían asistir a la reunión se valían de un ungüento, que les había proporcionado el diablo, y con el que untaban un palo pequeño y las palmas de sus manos; que se ponían el palo entre las piernas y volaban sobre las ciudades y los campos, las casas, los bosques y las aguas. El diablo las llevaba al lugar donde se celebraban sus asambleas..."[23].

Este medio de locomoción no estaba exento de peligros. Refiere la leyenda muchos casos de brujos -generalmente novicios- que se veían de pronto desmontados de los palos en que cabalgaban. Unos fueron encontrados en las ramas de los árboles en situación peligrosa, o tendidos y en muy lamentable estado en la soledad de un campo.

Algunos profanos, faltos de guía y de introductor, procuraban entrar clandestinamente en el aquelarre, lo que pocas veces realizaban sin gran daño. Refiere Martin del Rio en sus *Controversias e Indagaciones Mágicas* que, enterado un carbonero de que su mujer solía frecuentar los aquelarres, quiso asistir el también.

Aparentando que dormía, vio cómo su esposa se untaba con un ungüento, para salir luego por la chimenea. Tomó el carbonero el pote del ungüento, se untó como su mujer había hecho y siguió el camino de la bruja. No tardó en verse en la cueva de un viejo castillo, donde encontró a su mujer con muchos iniciados que concurrían aquel día al aquelarre. La esposa del carbonero hizo a los brujos un signo secreto, y todos desaparecieron como por arte

---

[23] Se refieren muchos casos de viajes mágicos y diabólicos, malogrados por la imprudencia de pronunciar el nombre de Dios, de Jesús o de la Virgen María.
Uno de los más notables, es el de cierto obispo de Jaén, si bien recuerdo, que, forzado a ir a Roma con mucha urgencia, aceptó sin vacilar los servicios de un diablo, quien dijo comprometerse a llevarle en pocas horas, sirviendo al prelado de cabalgadura. Cuando volaban sobre el mar, intentó el diablo-bestia que el obispo pronunciara el nombre de Jesús, para tener buen pretexto para dejarle caer al agua. Pero el obispo, que se olió la treta -que suelen ser los obispos más astutos que el demonio-, tuvo el buen acierto de decir: "¡Arre, diablo!"... Y llegó a Roma.

de magia. El carbonero quedó solo en la cueva, donde se apoderaron de ellos criados del castillo, tomándole por un ladrón. Salió el pobre del mal paso vapuleado y escarnecido.

Un hacendado alemán consiguió que un vecino se aviniera a llevarle a un aquelarre. Montaron los dos en un mango de escoba y emprendieron el maravilloso viaje. Cuando ya llegaban al punto de destino, tuvo el hacendado miedo, y empezó a murmurar oraciones. El brujo se apresuró a bajarle a tierra. El desdichado imprudente se encontró solo en una región desconocida, donde se hablaba una lengua que el ignoraba. Tardó tres años en regresar a su país, del que se había alejado varios centenares de leguas.

Afirman los demonólogos que se dicen enterados que se celebraban las asambleas malditas en diferentes localidades. Los aquelarres más célebres y frecuentados fueron los de la montaña del Bracken o Bloksberg. Esta región, una de las más abruptas de la Alemania septentrional, forma parte de la Selva Negra. Por respeto a la tradición eligió Goethe este país para la celebración del aquelarre que describe en el Fausto, con más fantasía que respeto a los viejos documentos.

Los aquelarres se celebraban en plena noche[24]. No se desarrollaba la reunión con estricta sujeción a un ritual uniforme e invariable. A juzgar por las descripciones que nos han dejado los autores que tenemos por más serios, si bien el fondo de las ceremonias era

---

[24] Siempre creyó el vulgo -lo creyeron también los que fueron sus dominadores y sus verdugos y no supieron ser sus maestros- que era la noche propicia para que el Malo ejerciera su peligroso dominio.

> *Por no ver visiones*
> *me acuesto a las oraciones.*

solía decir el pueblo, dando la autoridad del refrán rimado a un antiquísimo adagio muy conocido en Castilla:

> *"Allá va el diablo después del sol puesto."*

En Galicia y en Asturias se atribuía a la hechicera esta afirmación advertidora:

> *Andar de día*
> *que la noche es mía.*

siempre el mismo, no estaban estas sometidas a un rigor que vedase las variaciones entretenidas.

En las viejas leyendas españolas se aseguraba que los principales aquelarres se verificaban en un monte en las cercanías de Sevilla. Cuando las brujas deseaban acudir a la asamblea diabólica se arrodillaban, se embadurnaban el cuerpo con el unto prodigioso y canturreaban solemnemente:

> *Por encima de peñas,*
> *por encima de matos,*
> *a Sevilla con todos los diablos...*[25]

También se verificaban aquelarres en Cerneula, junto a Burgos, a donde acudían las brujas de buena parte de las regiones norteñas de España.

Estas hechiceras tenían su formulilla especial:

> *Sin Dios y sin Santa María*
> *por la chimenea arriba...*

Aquelarres regionales de menos manta –aunque no menos sacrílegos- se celebraban en Cubera (Asturias) y en Rentería.

---

[25] Es imposible precisar si la leyenda es española o mero plagio de otra patraña extranjera. En varios países se encuentran fórmulas análogas.
Las brujas de Bretaña dicen:

> *Par sur baies et buchons,*
> *faut que je trouve les autres ou qu'il sont.*

Las de Portugal se ponen en viaje canturreando:

> *Vea, vea*
> *por encima de toda a felha.*

De las relaciones que nos quedan de jueces e inquisidores que intervinieron en diferentes procesos de hechicería, se deduce que los aquelarres españoles diferían poco de las sacrílegas asambleas de las brujas extranjeras. En todas ellas eran cosas esenciales la comida en común, la danza, la misa negra y la cohabitación deshonesta. Tampoco faltaba nunca el obligado homenaje a Satán, que presenciaba la fiesta en forma humana, o bien trocado en macho cabrío.

En cada aquelarre el diablo elegía sus favoritas, pero no a todas les daba igual tratamiento. En la relación que hizo el inquisidor Alonso de Salazar de su visita a las montañas de Navarra se leen muy curiosas revelaciones de hechiceras, de las que unas afirmaban haber tenido concúbitos completos y fecundos con el diablo, con el esperado resultado de no parir sino sapos. Otras tenían a gran honor haber sido corneadas terriblemente por el infernal cabrón, y fueron muchas las que dijeron que habían encontrado gran placer al ser azotadas con la cola del demonio. Estas perversas - que hoy llamamos masoquistas- eran las que con más entusiasmo hablaron al escandalizado Alonso de Salazar de los deleites del aquelarre.

Satán presidía en persona, tomando formas muy variadas, pero preferentemente las de macho cabrío, cuervo, mono o gato negro.

Poseemos una descripción de los aquelarres que se celebraban en Puy-de-Dòme, donde se reunía semanalmente el capítulo general del diablo. Está hecha de visu por el consejero del Parlamento de Burdeos, en el siglo XVII, Florimond de Remand.

Refiere en su libro *L'Antipapesse* que, a media noche, se hallaban reunidas en un campo, la víspera de San Juan, unas sesenta personas, presididas por un macho cabrío que era el diablo[26].

---

[26] Asombraban los honores que la antigüedad rindió a los machos cabríos si pudiera todavía causar alguna cosa asombro a los que están un poco familiarizados con el mundo antiguo y moderno. Los egipcios y los judíos designaban frecuentemente con el nombre de macho cabrío o cabrón a los reyes y a los jefes del pueblo... Los egipcios llegaron a más, consagrando un

Hizo a sus fieles la señal de la cruz con la mano izquierda, y todos se apresuraron a saludarle de manera irreverente. Tenía el macho cabrío una vela negra entre ambos cuernos: la encendió con "fuego que sacó de debajo de la cola". Todos los asistentes, que llevaban una vela análoga, la encendieron en la del macho cabrío. "En esta asamblea se daba la misa a su modo, vueltos los asistentes y el oficiante de espaldas al altar."

Un testimonio más respetable es el de la Reverenda Madre Francisca Magdalena de Changy, que fue secretaria de Santa Juana de Chantal y superiora del primer monasterio de la Visitación. En las

---

macho cabrío en Menfis, al que se cree que adoraron... Aun recibieron los machos cabríos en Egipto un honor más singular: está probado que muchos egipcios dieron con los cabrones el mismo ejemplo que Parsifal con el taro. Refiere Heródoto que cuando él estaba en Egipto, una mujer tuvo públicamente comercio abominable con un macho cabrío. Dice que a él le causó extrañeza el hecho, pero no insinúa que la mujer fuera reprendida o castigada... Los judíos imitaron estas abominaciones. Jeroboam instituyó sacerdotes destinados al servicio de las vacas y de los machos cabríos. Pero causa ultraje a la naturaleza humana el brutal descarriamiento de algunos judíos que se apasionaron por los cabrones y de los que se ayuntaron con las cabras. Fue necesario publicar una ley para reprimir esta horrible liviandad. Se dio esta ley en el Levítico, donde se repiten, en varios capítulos, las advertencias y los castigos. Se halla ante todo una prohibición terminante y formal de sacrificar a las bestias con las que se ha fornicado. Viene después una prohibición a las mujeres de prostituirse a los animales y a los hombres de envilecerse en el mismo crimen. Se ordena, por último, que al que se haga culpable de esta infamia se le de muerte en compañía del animal de que haya abusado.
A los machos cabríos y a las cabras se refieren especialmente estas leyes, que la desordenada conducta del pueblo hizo necesarias...
No se limitaron a los ayuntamientos bestiales los pueblos antiguos. Establecido en Egipto y en buena parte de Palestina el culto del macho cabrío, se buscó el modo de operar encantamientos sirviéndose de este animal, de los egipanes y de algunos otros monstruos, que se representaban siempre con cabeza de machos cabríos.
La magia, la hechicería, pasa luego de Oriente a Occidente y se extendió por toda la tierra. Llamaban los romanos sabbatum a la especie de hechicería que practicaban los judíos, confundiendo de este modo su día sagrado con sus infames secretos. De aquí que ser brujo e ir al sábado fuera una misma cosa para las naciones modernas.
Miserables aldeanas, engañadas por bribones, y por la debilidad de su imaginación, creyeron que, después de haber pronunciado la palabra abraxa y de frotarse con un ungüento hecho con boñiga de vaca y pelos de cabra, se trasladaban al aquelarre en un mango de escoba mientras dormían; que allí adoraban a un macho cabrío y que le proporcionaban placer.
Esta creencia era universal. Todos los doctores afirmaban que era el diablo quien se metamorfoseaba en macho cabrío. Se lee esto en las Disquisiciones, de Martin del Rio, y en cien autores más. El teólogo Grillandus, uno de los principales promotores de la Inquisición, citado por del Río, dice que los hechiceros llamaban al macho cabrío Martinet. Asegura que la mujer que se había entregado a Martinet, montaba luego a horcajadas sobre él y era transportada en un instante por los aires a un paraje donde se congregan los brujos. –(Voltaire, Diccionario filosófico.)

34

vidas de las religiosas de este monasterio que publicó en Annecy, en 1659, se leen muchos detalles concernientes a Ana Jaquelina Coste, una de las más edificantes de las piadosas reclusas. Era en su infancia pastora, y "durante la noche de San Juan Bautista, esta devota pastora y sus otras compañeras oyeron un ruido y una algazara espantosos; mirando con ansiedad a todas partes para ver de dónde procedía aquel ruido ensordecedor, en que llegaban mezclados rugidos y aullidos de distintos animales, vieron al pie de la montaña gran número de gatos, de machos cabríos, de serpientes, de dragones y de otros muchos animales temibles, impuros e innobles, que celebraban un aquelarre, en el que se hacían horribles ayuntamientos al propio tiempo que proferían las palabras más infames y las más sacrílegas que es posible imaginar, llenando el Aire de las blasfemias más execrables".

De estas relaciones incompletas trataremos de sacar algunas nociones precisas, ayudándonos de algunos documentos iconográficos que poseemos.

Hay dos representaciones principales del aquelarre que pueden ser consideradas como las mejores y las más conformes con los detalles dados por los más famosos demonólogos: una es una estampa del grabador polaco Ziarnko; la obra un cuadro de Spranger. Las dos composiciones están animadas por un movimiento impetuoso, una agitación irresistible, febril, desordenada y alocada que hacen pensar en las saturnales y las bacanales de los antiguos romanos, de las que los aquelarres parecen ser una continuación tenebrosa y pervertida.

El aquelarre está presidido por Satán en forma de macho cabrío y sentado en una silla dorada.

La apariencia de macho cabrío dada a Satán es un recuerdo evidente de la antigüedad. Es el Mendé del Egipto decadente: una combinación del fauno y el sátiro, tendiendo a convertirse en símbolo definitivo de la antidivinidad. El macho cabrío es con frecuencia la cabalgadura preferida por Venus, y entre los judíos era el macho cabrío el emisario que se cargaba con todos los pecados de Israel. Están cerca de Satán las brujas favorecidas, las elegidas aquella noche para sus ayuntamientos impúdicos. Las familiaridades de los diablos con las mujeres son frecuentes. Ulrica Molitor nos presenta en su libro austero una bruja abrazando amorosamente a un hombre joven y hermoso, en el que nadie sabría ver un demonio a no descubrirle los pies de ave de rapiña, delatores de su verdadera identidad.

En la composición de Ziarnko, que estudiamos, una bruja presenta al demonio un niño, que conduce al aquelarre, y que la bruja debe de haber robado. Satán mostraba gran afición a estas ofrendas de niños raptados. Cuando las brujas no podían apoderarse de los niños de la vecindad, estaban obligadas a llevar sus propios hijos al aquelarre, sino querían desmerecer a los ojos del señor de los infiernos. El diablo daba padrino y madrina al niño, le hacía renunciar a Dios y le marcaba en el ojo izquierdo con uno de sus cuernos. Solían acabar los aquelarres con un banquete seguido de una danza bulliciosa y deshonesta.

En el grabado de Ziarnko se ve un compacto grupo de personajes muy bien vestidos que no toman en apariencia parte importante en la reunión. Son los grandes señores y las damas distinguidas que intervienen en las graves determinaciones, pero tomando convenientes precauciones para no ser conocidos, los aquelarres eran, en efecto, frecuentados por gentes de calidad. Se equivocaría quien creyera que a estas diabólicas asambleas sólo asistían miserables brujas y hombres zafios e ignorantes. Se puede ver en los grabados que reproducimos, de la obra del R. P. Guarcins, que los asistentes a los aquelarres van ricamente vestidos según la moda opulenta de la época del rey Luis XIII de Francia. Muchos señores y "honestas damas" que frecuentaban la Corte iban igualmente a los aquelarres y tenían a gran honor que se les permitiera sostener la cola del diablo en las procesiones grotescas que se hacían. No fueron pocos los sacerdotes que renunciaron totalmente a su ministerio divino para oficiar solemnemente en los aquelarres como sacerdotes de Satán.

Se verificaban en los aquelarres muchas ceremonias particulares, de las que algunas se usaban también en los pactos que se hacían con el diablo sin asistir a los aquelarres. Los que deseaban iniciarse eran marcados por el diablo en cualquier parte del cuerpo[27].

Se obligaba luego a estos catecúmenos diabólicos a pisotear la cruz, y se les daba un libro negro para reemplazar al Evangelio. Después se les rebautizaba con un líquido mal oliente y repugnante para destruir completamente los efectos del bautismo Cristiano. Luego el propio Satán se dedicaba a despojar de vestidos a los nuevos adeptos, hasta ponerlos en el estado de desnudez completa, en que solían mostrarse los habituales concurrentes al aquelarre, por más que no fuera esta una práctica constante e ineludible.

Cuando los hechiceros llegaban a la asamblea diabólica se apresuraban a rendir homenaje al diablo besándole el trasero. Era este un honor apetecido que algunos fieles, muy celosos, repetían varias veces en una noche, besando con delectación las posaderas de cuantos demonios encontraban. Los hechiceros negaban con indignación, que debemos creer sincera, que besaran realmente el c... de Satán. *"No es el trasero -decían- lo que besamos, sino un segundo rostro que tiene el diablo debajo de la cola."* La sutil distinción, que les dictaba una verdadera fe -consistente en ver lo que no existe-, tiene poco valor a nuestros ojos de incrédulos, que ven claramente en los grabados que han llegado hasta nosotros

---

[27] La marca, invisible a simple vista, tenía la diabólica virtud de hacer insensible al dolor el punto elegido por Satán para sellar a sus fieles. Estaba tan acreditada esta conseja que los fanáticos y crueles inquisidores hicieron de ella como la piedra de toque para averiguar si eran realmente hechiceros los sospechosos que se negaban a confesar su pacto con el diablo.

Con terquedad necia y cruel, pinchaban los ignorantes inquisidores distintas partes del cuerpo de los sospechosos, con la esperanza y el mal deseo de encontrar un punto que fuera poco sensible al dolor. Logrado esto, daban por brujo al atormentado.

que hombres y mujeres besan con manifiesto deleite un vulgar c... luciferiano.

Tales eran, en sus líneas generales, las augustas y grotescas ceremonias de los aquelarres, celebrados con más o menos frecuencia y escándalo en toda Europa durante siglos. En ellos tomaban parte personas de todas las condiciones sociales, desde las más humildes a las más ilustres: mendigos, vagabundos, artesanos, mercaderes, artistas, sabios, abades, obispos, príncipes y reyes. En tiempo de Carlos IX de Francia había, solo en Paris, treinta mil hechiceros, y se calcula que pasaban de cien mil los fieles que Satán tenía en aquella nación.

Grabado de Ziarnko

Capítulo III - Misas negras

El sacrílego rito de las misas negras solía formar parte de la desenfrenada y bestial orgia de los aquelarres. Consistían estas demoníacas ceremonias en una farsa grotesca en que se profanaba y ridiculizaba todo el ritual de los divinos oficios. Con el propósito, evidente y constante, de invertir de modo torpe la liturgia católica era frecuente que oficiara en las misas negras una mujer, cuya intromisión en el ritual satánico representaba una protesta contra las decisiones de la Iglesia, que vedaba formalmente la participación de las mujeres en las funciones sacerdotales[28].

Durante un tiempo las misas negras se celebraban al aire libre y no tuvieron el carácter francamente lúbrico que adquirieron poco a poco, especialmente cuando se mezclaron estas ceremonias sacrílegas con las obscenidades y escándalos de los aquelarres.

Los que acudían a las misas negras orinaban en una excavación hecha en el suelo o en la concavidad de una roca, que remedaba con grosería satánica la pila del agua bendita de las iglesias católicas. Los fieles de Satán mojaban en los orines dos dedos de la mano izquierda que llevaban luego al occipucio (como parte contra- puesta a la frente, en que se signan los fieles de Dios), para

---

[28] La iglesia, que alardea falsamente de haber dignificado a la mujer haciéndola igual al hombre. Ha interpretado con todo rigor el espíritu y la letra de estas palabras del misógino San Pablo: "Las mujeres callen en las iglesias, porque no les es dado hablar, sino que estén sujetas, como también lo dice la Ley. Y si quieren aprender alguna cosa pregunten en casa a sus maridos. Porque indecente cosa es a una mujer hablar en la iglesia." Todos los comentaristas están de acuerdo al explicar que quiso decir el apóstol que la mujer ha de tomar la doctrina como se la den, sin entrometerse o preguntar, poniendo dificultades, y mucho menos a pretender enseñar. "El silencio -dice Scio- es propio y singular adorno de la mujer." Ya San Pablo había proclamado la superioridad del hombre sobre la mujer en otra epístola en que decía: ":-No fue creado el varón por causa de la mujer, sino la mujer por causa del varón." Y en su estilo machacón repite como si escribiera a necios incapaces de entender: "No fue hecho el varón de la mujer, sino la mujer del varón." "El varón es imagen y gloria de Dios: más la mujer es gloria del varón."
La verdadera dignificación de la mujer estaba reservada a hombres y a tiempos incrédulos, así como el intento de dignificar al hombre, iniciado con la abolición de la esclavitud -mantenida y explotada por la Iglesia- y la anulación de los más irritantes privilegios, lo debe la Humanidad a los libre pensadores que hicieron la Revolución francesa: a los discípulos de Rousseau, Voltaire y Diderot.

hacer, atropelladamente, el signo de la cruz, de arriba abajo y de izquierda a derecha.

La sacerdotisa o sacerdote satánicos oficiaban revestidos con una gran capa negra y coronados con las mágicas flores de la verbena. Rezaban luego el *Introito*, concebido en estos términos: "Entro en el altar de mi dios, del dios que venga a los oprimidos y a los débiles. ¡Sálvanos, Señor, del pérfido y del violento!"

Se renegaba luego de Jesús y se rendía ferviente homenaje a Satán, "al desterrado injustamente del cielo", decía el oficiante, y repetían los fieles. Todos desfilaban ante el altar, para besar el trasero de una estatua de madera que representaba un Satanás enorme, monstruosamente fálico. El oficiante se entregaba a este ídolo impúdico realizando (simulando, cuando menos) un obsceno ayuntamiento, entre una espesa nube de humo, resultado de la quema de muchas plantas cuya combustión producía, además de la humareda asfixiante, un olor acre que producía lagrimeo, estornudos y mareos. El ayuntamiento, natural o sodomítico, del oficiante con el Satanás priápico, autorizaban a los asistentes a la Misa negra a practicar a lo vivo actos análogos, con promiscuidad brutal de sexos y de caricias. La satisfacción erótica o el cansancio del oficiante ponían de momento fin al libertinaje demoniaco, y empezaba la segunda parte de la sacrílega ceremonia.

En esta segunda parte solía oficiar el sacerdote ante una mujer completamente desnuda, que, tumbada boca arriba, hacía de altar. Inclinado hacia el vientre de la impúdica, recitaba el sacerdote el credo de Satanás y ofrendaba el trigo al *espíritu de la tierra*, que hacía brotar las cosechas. Al propio tiempo se daba suelta a unos pájaros, hasta entonces enjaulados, para manifestar el deseo de que lograron su libertad los espíritus oprimidos por los dogmas y enseñanzas de la Iglesia "que tiranizaba desde Roma".

En la grotesca parodia de la consagración confeccionaba el oficiante una especie de delgada torta de harina, que se denominaba *hostia de amor*, y debía ser repartida entre los fieles de Lucifer.

41

Se colocaban luego sobre el cuerpo de la mujer que hacía de altar dos efigies que representaban al último ser nacido y al último muerto en la comarca en que se celebraba la Misa negra.

Hecho esto, se ponía en pie la mujer y desafiaba al rayo y a todos los poderes celestiales con fieras imprecaciones.

En esta parte del oficio demoniaco solía hacer el oficiante sus conjuros e invocaciones maléficas, pidiéndole a Satanás que empleara su irresistible poder para producir daños en la hacienda o en las personas que se le indicaban. Este propósito de causar daño a una determinada persona era en muchas ocasiones el verdadero motivo de que se celebrara una Misa negra a la intención de una persona que pagaba a muy buen precio el oficio demoniaco con que esperaba realizar una venganza o conseguir un deseo inconfesable. Los ministros del espíritu del mal se sirvieron con frecuencia de las misas negras para explotar con provecho la credulidad de los vengativos y de los envidiosos cobardes. Con la misma buena fe con que un católico ferviente paga una misa para sacar un alma que sufre en el purgatorio, o para pedir a Dios -directamente o por mediación de sus santos- la salud o bienestar propios de un ser amado, los satánicos perversos piden a Lucifer, o a uno cualquiera de sus acólitos, la desgracia, la enfermedad o la muerte de la persona que odian. En ocasiones, también, se busca la ayuda de Satanás para lograr un bien terreno, que se ha pedido en vano a Dios con prácticas religiosas.

En los procesos contra hechiceros y satanistas, se ha evidenciado constantemente que los que recurrían anhelosos y crédulos al diablo mezclaban constantemente estas prácticas absurdas y criminales con ceremonias y prácticas religiosas. Encendían, como se suele decir, una vela a Dios y otra al diablo, porque creían con la misma buena fe en el poder de los dos. Esta mezcla de piedad y superstición se advierte constantemente en todos los pueblos y en todas las religiones. En nuestros días y en nuestra nación católica es muy frecuente que, aun los que alardean de creyentes, recurran en sus apuros y en sus horas de aflicción a los consuelos de la verdadera religión y a la ayuda engañadora y torpe de la condenada hechicería. Las echadoras de cartas, los quirománticos y los adivinos cuentan entre sus más cándidos clientes a personas que se tienen por verdaderos católicos. Hasta en las prácticas de ciertas ceremonias tradicionales para impetrar el favor y la ayuda de los santos se advierte cierto regusto de viejos ritos paganos, heréticos y hasta francamente demoniacos.

Los oficiantes en las misas negras eran casi siempre sacerdotes de la verdadera Iglesia que, sin renunciar a ser ministros de Dios, comerciaban con la insensata credulidad de los adoradores de Lucifer[29]. En el célebre proceso en que fueron encartados algunos de los personajes más importantes de la corte de Luis XIV de Francia, que habían mantenido tratos ocultos y criminales con hechiceros y embaucadores, se pronunciaron frecuentemente los nombres de varios sacerdotes, que confesaron ante los jueces haber dicho misas sacrílegas pagadas por la poderosa condesa de Soisson, superintendenta del cuarto de la reina de Francia y sobrina del cardenal Mazarino. Las primeras misas que encargó la condesa eran sacrílegas, pero casi inocentes en la intención: lograr la ayuda infernal para que la supersticiosa y crédula aristócrata recuperara el imperio que en otro tiempo había tenido en el corazón del rey. Quería lograr la condesa de Soisson, con el auxilio de Satán solicitado en las misas negras, que pagaba a muy buen precio, que Luis XIV abandonara a la actual favorita, Mad. de La Vallière, y que repudiara a la reina para casarse con la condesa. El deseo era ambicioso, pero no era francamente criminal. Más adelante, cuando la condesa vio que no bastaban las misas negras para que se realizaran sus desmedidos anhelos, buscó la ayuda de los hechiceros para dar muerte al rey y a su favorita. Se celebraron

---

[29] La frecuente intervención de los sacerdotes católicos en las infamias sacrílegas del demonismo tiene una explicación razonable. Las Misas negras son una mezcla, torpe y brutal, de ritos y ceremonias del divino oficio católico con prácticas groseras y demoniacas. En la Misa negra consagra el oficiante la hostia para destinarla a un uso infame, y sólo a un sacerdote se le juzga con suficiente poder para operar el misterio de la Transubstanciación.

entonces otras muchas ceremonias diabólicas y más misas negras, en las que se hacían los acostumbrados maleficios. El más caro, porque se juzgaba el mis eficaz -así cuando menos se le vendía a la crédula condesa-, consistía en representar al rey en una figura de cera, sobre la que se hacían conjuros para conseguir su destrucción[30]. Es importante decir que, poco seguros los hechiceros del poder de estos conjuros, solían apoyar sus ceremonias ridículas con la eficacia de algún activo veneno.

Todos los reos que condenó la Cámara ardiente a ser quemados, ahorcados o degollados (según la calidad de la persona y la gravedad de su delito), murieron convictos y confesos de haber traficado a un mismo tiempo con la hechicería y la preparación de abortivos y venenos. Entre los condenados -más de setenta- había varios sacerdotes, de los que algunos salvaron la vida en recompensa ofrecida de haber hecho una delación completa y circunstanciada de la intriga criminal en que ellos habían tomado una parte muy activa. No es aventurado sospechar que contribuyó también a librar de la hoguera y de la horca a estos miserables el temor al escándalo que hubiera producido la pública ejecución de todos los sacerdotes que confesaron haber tornado parte en ceremonias diabólicas con reiteración de profesionales.

* * *

De los muchos sacerdotes que han hecho tristemente célebres sus nombres por sus sacrilegios y sus crímenes diabólicos, merecen ser recordados, por más famosos, Francisco Mariette, vicario de San Jerónimo; José Cotton, coadjutor de la iglesia de San Pablo de Paris; el abate Tournet, que murió quemado vivo en la plaza de la Gréve por haber celebrado una Misa negra sobre el vientre de

---

[30] Terminaba este conjuro maléfico quemando la figurilla de cera que representaba a la persona cuya muerte se pedía con insistencia a Satán.

una jovencita de catorce años, a la que violó durante la ceremonia sacrílega; Bartolomé Lemeignan, vicario de San Eustaquio, al que se acusó con pruebas de haber hecho en los oficios diabólicos sacrificios humanos[31]. El canónigo Durer practicaba la nigromancia, evocaba al diablo y acabó siendo ejecutado como hechicero en el año 1718.

El Padre Beccarelli escandalizó a sus compatriotas de Lombardía, donde instituyó un extraño apostolado formado por doce hombres y doce mujeres, encargados de predicar y extender por toda Italia el culto diabólico, que él decía haber perfeccionado. Ideó un obsceno ritual que le permitía abusar, con idéntico impudor, de los adeptos de los dos sexos. En las misas negras que celebraba con un complicado ritual daba la comunión a los asistentes, empleando, en vez de hostias, pastillas afrodisiacas, que tenían la particularidad de que, al tragarlas, los hombres se creían convertidos en mujeres y las mujeres en hombres. Se adivinan fácilmente las escenas de libertinaje que seguirían a la sacrílega comunión, tomada con el consciente propósito de enardecer los lujuriosos deseos de los adeptos a un grosero culto demoniaco que defendía y recomendaba la más absurda promiscuidad de sexos y de deleites.

Perseguido Beccarelli por sus sacrilegios y sus crímenes, fue condenado a remar durante siete años en las galeras. Juan Bautista Gaufredy, sacerdote de Marsella, fue acusado en 1611 de satanismo, y usar filtros diabólicos para seducir a las mujeres, logrando ser muy querido por las más indiferentes. Le bastaba echar el aliento a una joven (nunca mostró afición a las viejas)

---

[31] Solían ser estas víctimas sacrificada a Lucifer, niños de muy corta edad, a los que degollaba el celebrante al propio tiempo que pronunciaba esta blasfematoria fórmula de ritual, terrible parodia de una hermosa frase de Jesús: "Nuestro Señor Jesucristo decía que se dejara a los niños ir hacia él. Yo, que soy su sacerdote, quiero que por mi mano vayas a reunirte con tu Dios." Se recogía en el cáliz la sangre de la inocente víctima, y el oficiante comulgaba con la mitad de una hostia previamente mojada en ella. La otra mitad estaba depositada en los órganos genitales de la mujer sobre quien se decía misa.

para que la elegida descubriera sin ningún recato un indomable deseo de entregarse al seductor infernal.

Y, cosa extraña -dice con malicia el autor de quien tomamos este histórico relato-, durante la vista de la causa en que fue juzgado Gaufredy, muchas lindas marsellesas, citadas como testigos, aseguraron que recordaban haber recibido en distintas épocas el aliento torpemente incitador del cura hechicero. Estos francos testimonios, unidos a los desórdenes de un convento de ursulinas que Gaufredy frecuentaba, perdieron al pobre cura, al que condenaron severamente sus jueces a perecer en la hoguera.

Se le puso en el tormento para obligarle a confesar todos sus crímenes y sus relaciones con Satán.

El desdichado hizo una detallada confesión, de la que se conserva la copia en los archivos judiciales del Parlamento de Provenza. La daremos en extracto:

"Confieso haber hecho pacto con el príncipe de los infiernos y haber recibido de él facultades y poder para lograr cuanto pueda desear; confieso haber usado ampliamente de este poder...

Confieso haber frecuentado los aquelarres, y haber participado en cuerpo y alma en todas las orgias y en el libertinaje de estas torpes reuniones.

Declaro que, al llegar al sitio donde se celebra el aquelarre, todos los asistentes se prosternan ante Beelzebú, le adoran, le besan el c... Hecha esta adoración todos los hechiceros niegan a grandes voces a Dios, el Cielo y los santos...

Declaro que, con mi consentimiento, he recibido la marca o sello del diablo, y que esta marca, hecha con la uña del dedo meñique de Satán, produce de momento una ligera impresión de quemadura, que se trueca luego en una impresión agradable...

Confieso haber echado mi aliento, con malos fines lascivos, a muchas mujeres, y con más frecuencia sobre Magdalena de la Palaud. Confieso también haber llevado el desorden al convento de las ursulinas, enviando una legión de diablos que han debido fatigarlas día y noche..."

Pero ningún renegado mostró tanta contumacia y tanta maldad como el abate Guibourg, cuya tétrica figura aparece de continuo en todos los maleficios y en todas las ceremonias satánicas a que asistían, con designios criminales, las damas más distinguidas de la corrompida corte de Luis XIV de Francia. De todos los planes perversos maquinados torpemente por aquellas cabecitas bellas y locas se buscaba una pronta y eficaz realización solicitando la ayuda de Satanás. Una famosa hechicera, la Voisin, y el abate apóstata y demoniaco Guibourg, explotaban sin medida la necia credulidad de las generosas damas que solicitaban, sin reparar en el precio, filtros de amor o terribles maleficios.

La casa de la Voisin solía servir de templo para celebrar las infames misas negras, que terminaban con grotescas ceremonias, en las que la sacerdotisa de Lucifer hacia sus invocaciones y sus oráculos revestida con un manto que había costado quince mil libras.

Tenía la embaucadora varios amantes, entre los que se contaba el verdugo de Paris, quien suministraba con largueza a su habilidosa coima grasa de ahorcado, que se empleaba para la confección de los cirios que se encendían en las ceremonias demoniacas.

En casa de la Voisin hizo celebrar la marquesa de Montespan una Misa negra en la que ella sirvió de altar[32]. Ofició el abate Guibourg, que tenía entonces setenta años. Había hecho del envenenamiento un arte y pasaba por el ministro más acreditado de Lucifer. Vivió más de veinte años con una ramera apodada la Chanfrain, con la que tuvo varios hijos, a algunos de los cuales dio muerte con sus

---

[32] Tomamos los datos de la obra del doctor Segui, *Médicos y envenenadores del siglo XVII*, que se conserva en los archivos de la Biblioteca Nacional de Paris. Se celebró la ceremonia satánica en el mes de enero del año 1678.

"La hija de la Voisin -dice Legue- caminaba tras la persona sobre cuyo vientre debía decirse la misa. Apenas entró, se desnudó por completo, descubriendo un cuerpo escultural, digno de ser eternizado por el cincel de un Cogsevox o de un Couston. Las caderas, de una maravillosa pureza de líneas, sostenían un busto impecable, y el opulento y solido seno acusaba el vigor y la energía de un temperamento ardiente. Llevaba puesto un antifaz. Su cabellera rubia llegaba hasta el suelo. Era la Montespan.

Se acostó sobre el altar, hecho con un colchón tendido sobre unas sillas y cubierto con una riquísima tela.

Quedó con las piernas separadas y colgando a cada lado del improvisado altar[33]. Apoyaba la cabeza en un almohadón colocado sobre una silla tendía. A cada lado se pusieron sendos cirios encendidos, hechos con grasa de ahorcado[34].

El oficiante, Guibourg, revestido de una casulla blanca, sembrada de motas negras, colocó una cruz sobre el pecho de la marquesa, extendió una servilleta sobre su vientre y colocó encima el cáliz.

La hija de la Voisin ayudaba al celebrante, el cual besaba frecuentemente el cuerpo de la marquesa, al propio tiempo que murmuraba frases latinas del ritual demoniaco.

Llegado el momento de alzar, la Voisin repiqueteó en un vaso, que le servía de campanilla, y se abrió una puerta, por la que apareció una mujer con un niño de dos a tres años. El sacerdote satánico se apoderó de la criatura, y alzándola en sus brazos dijo con

---

[33] La costumbre de celebrar la Misa negra sobre el vientre des- nuda de una mujer, se introdujo, como reforma del rito diabólico, en el siglo XVI. En el Edad media, se echaba la mujer, completamente desnuda, o impúdicamente sofaldada, sobre el altar, para presentar al oficiante las nalgas, ante las que el ministro de Satán barbotaba grotescas y enrevesadas fórmulas, que interrumpía con frecuencia para prosternarse, o para besar la carnosa grupa, que era como ara deshonesta e incitante.

[34] Frecuentemente, la misma mujer que hacía de altar abría los brazos en cruz y aguantaba con las manos los cirios mágicos.

afectada solemnidad: "¡Astaroth, Asmodeo, príncipes de la amistad, os conjuro que aceptéis el sacrificio de este niño que os presento y que por su intervención me concedáis lo que os pida!"

Dicho esto, degolló al niño, cuya sangre llenó el cáliz, salpicando las vestiduras del sacrílego oficiante y la desnuda carne de la infame marquesa de Montespan.

Terminado el horrible sacrificio, leyó Guibourg, en voz baja, la fórmula siguiente, escrita en un trozo de pergamino virgen:

"Yo, Francisca Atenaida de Montemart, marquesa de Montespan, solicito y pido gozar de la amistad del rey y del Delfín, y que esta sea constante; que la Reina sea estéril; que por mí y los míos abandone el Rey su lecho y su mesa; que mis servidores y domésticos gocen de su simpatía; que, amada y respetada por los grandes señores de la Corte, pueda yo asistir a los Consejos de la Corona y saber lo que en ellos sucede; que, aumentando esta amistad más que en el pasado, el Rey abandone y no mire más a Fontangnes, y que, repudiando a la Reina, pueda yo ser su esposa."

Acabada la infame suplica, el oficiante extrajo las entrañas de la víctima, las colocó en una caja, en la que echo también sangre del niño y un fragmento de hostia consagrada, y se la entregó a la Marquesa.

Como para obtener del príncipe de las tinieblas el favor demandado era preciso que la Misa negra fuese celebrada tres veces consecutivas, las otras dos ceremonias se verificaron: una en la capilla del castillo de Villebousin, y la última en una casa abandonada de Saint-Denis. La marquesa de Montespan brindó en todas las ceremonias su hermoso cuerpo desnudo para que hiciera de altar.

Guibourg, que llevó a los últimos extremos las infames prácticas satánicas, celebró en distintas ocasiones una ceremonia más abyecta, que él llamaba misa espermática.

En los Archivos de la Bastilla se ha encontrado un documento en el que constan los repugnantes detalles de una misa de este género celebrada a petición de la señora Des Ceillettes.

Acudió a la casa donde se había de verificar la ceremonia Mad. Des Ceillettes un día en que sufría la indisposición mensual. Un caballero que la acompañaba se retiró a un extremo de la estancia para entregarse a una sucia manipulación de sus genitales. Guibourg revestido con el alba, la estola y el manípulo, recogió el semen del onanista en un cáliz, donde ya había una cantidad de sangre menstrual de la dama a cuya intención se celebraba el inmundo sacrificio. Añadió luego trozos menudos de hostias sacrílegamente consagradas e hizo con todo una pasta que se llevó Mad. Des Ceillettes cuando terminó la misa.

Como la maldad de los que reniegan de Dios no tiene freno ni límite, aun se atrevieron los demoniacos a estas infamias que delata la Mística de Gorres[35]: "En su abyección llegan los sacerdotes satánicos hasta celebrar la misa con grandes hostias, a las que hacen un agujero en el centro, después las pegan a un pergamino también agujereado, haciendo que coincidan los dos agujeros para servirse de ellos de manera abominable y satisfacer sus pasiones carnales."

En la curiosa Demoniomanía de Bodin, publicada en 1580, encontramos una horripilante relación de la Misa negra o sangrienta, con que la fanática Catalina de Médicis pretendió conjurar el peligro de muerte que una enfermedad, calificada por los doctores de "misteriosa", hacia correr a su hijo Carlos IX.

Traduzcamos lo esencial del impresionante relato:

"Fracasada la Medicina, y probado que eran vanos los auxilios pedidos a los astrólogos, determinose la Reina a recurrir a la magia, consultando el oráculo de la "cabeza ensangrentada" durante

---

[35] Tomo V

la celebración de la misa diabólica. Se decía esta misa ante la imagen de Satán, que tenía a sus pies la cruz puesta del revés.

Como víctima propiciatoria eligiose un adolescente sano de cuerpo, al que un capellán de palacio preparó secretamente para hacer la primera comunión.

Llegada la noche que se había señalado para la criminal ceremonia, al dar las doce, un fraile dominico, práctico en los ritos mágicos, dio comienzo a la misa. Asistían a ella el Rey, su madre, algunos individuos de la familia real y varios personajes de su intimidad.

El celebrante consagró dos hostias, una negra y otra blanca. La víctima, el infeliz destinado al sacrificio, presenciaba, vestido de blanco y de rodillas, la ceremonia maldita, sin sospechar el papel que en ella le habían asignado sus verdugos.

Dio el oficiante a la inocente criatura la hostia blanca, e inmediatamente se arrojó sobre él, derribole con violencia en el suelo y le cercenó la cabeza de una tremenda cuchillada. Colocó luego la hostia negra en una mesa y la sangrante cabeza sobre ella.

Entre las espesas nubes de humo que despedían unos braserillos, donde se quemaban mágicos perfumes, el celebrante apostrofó a la cabeza conjurándola para que contestase a una pregunta que quería hacerle el Rey.

Levantóse luego el monarca, y acercando sus labios a una oreja de la testa mutilada, formuló en voz baja una pregunta, que era, sin duda, una interrogación al averno, sobre la duración de su amenazada existencia... Y los labios del lastimoso despojo se entreabrieron y se oyó una voz que parecía llegar de muy lejos, articular claramente: "¡Vim patior!", (¡Me veo obligado!)

Interpretando la respuesta como una declaración de impotencia de Satán para conservar su miserable vida, el Rey se estremeció de espanto y gritó: "¡Llevaos esa cabeza!... ¡llevaos esa cabeza!"

Hasta el momento de su muerte, que no se hizo esperar, repitió constantemente aquel grito de horror, ronca la voz, extraviada la mirada, poseído de un terror insuperable..."

***

Solían terminar las misas negras con imprecaciones blasfemas y desafíos a Dios, al que se pedía a gritos, como demostración de su poder y su cólera, que enviara sin tardanza un rayo que fulminara en el acto al oficiante satánico y a los asistentes a la diabólica ceremonia.

Como el desafiado no tomaba en cuenta el reto, necio e impío, y no caía el rayo fulminador, declaraba el oficiante que Dios quedaba vencido.

Esta grotesca declaración equivalía al *Ite missa est* del divino oficio católico.

Durante un tiempo no asistían a las misas negras más que villanos; pero poco a poco se fue aumentando la concurrencia con la asistencia de gentes de posición. "Seguramente -escribe el demonólogo Lancre- hizo cambiar esencialmente el carácter del culto a Satán la intervención de este elemento, de esta gente ociosa, adinerada y viciosa. No tardó en trocarse en lúbrica saturnal, lo que al nacer fue, sin duda, una invocación desesperada al "gran rebelde, para que librara al pueblo de la opresión en que mal vivía bajo la tiranía cruel y codiciosa de los señores.

Era un rito bárbaro, y se convierte en innoble; sacrílego y se trueca en criminal. Ya no será en adelante una ceremonia de protesta -aunque fuese absurda-, un acto de rebelión, una manifestación de súplica, de indignación, de cólera y de angustia. Sera una impura fuente de sensaciones morbosas, una orgia loca, una pesadilla en la que los más torpes deseos se agitan ansiosos de reprobables satisfacciones."

Muchos autores atribuyen a los herejes conocidos por los maniqueos, haber sido constantes frecuentadores de las misas negras. Un documento contemporáneo[36] describe muy por menudo los horrores de estas diabólicas ceremonias: «Ciertas noches se reunían en una casa determinada, llevando cada hereje una luz y hacían una procesión, cantando los nombres de los demonios, en una especie de letanía, hasta que Satán se les aparecía, generalmente en forma de animal. Cuando la visión era bien clara para todos los asistentes, apagaban todas las luces.

Cada uno de los diabólicos fieles se apoderaba de la mujer que tenía más cerca y se ayuntaba con ella sin parar mientes en si era su propia madre o su hermana. Estos emparejamientos brutales los consideraban, hasta siendo incestuosos, como una acción licita y grata al mal espíritu que ellos adoraban.

Si de esta infame unión nacía un hijo, se le dejaba vivir una semana, en cuyo término se le quemaba en sacrificio a Satán. Se hacia la criminal ofrenda en una gran ceremonia en que, a ser posible, se extremaba el libertinaje de las asambleas ordinarias. Las cenizas que dejaba el cuerpo de la infeliz criatura sacrificada se recogían en una caja de plata y se conservaban con gran celo. Tenía esta ceniza, por obra de Satanás, virtudes maravillosas."

***

Nos apresuramos a satisfacer la comprensible curiosidad de los lectores católicos que, para calmar su lógica indignación, quisieran saber si la justicia de Dios tardó mucho en poner término a estas abominaciones. No; la soberana justicia se manifestó en la forma que solía hacerlo: delegada en un Concilio encargado de juzgar a los infames herejes.

Pues hemos dicho las faltas, digamos cómo ejecutó la Iglesia el merecido castigo. Traducimos de las Aetas:

---

[36] Recueil des historieurs de France, Actas del Concilio de Orleans, tomo X.

"...Durante varias horas se intentó en vano que los herejes se arrepintieran de sus errores. Con férrea tenacidad se negaron a seguir los buenos consejos... Se les obligó a salir de la guarida que ellos llamaban su templo, y por indicación del Rey, la reina Constanza acudió a la puerta de esta guarida para impedir que el pueblo, indignado al ver tanta contumacia, destrozara a los herejes. Fueron estos encerrados en varias cabañas fuera de la ciudad y quemados vivos."

Hay en el relato, que hemos dado muy extractado, un detalle que fuera injusto omitir:

Se encontraba entre los herejes un sacerdote llamado Esteban, que había sido confesor de la Reina. Cuando esta le vio pasar, no pudo contener su piadosa indignación, alzó en el aire un bastoncillo que llevaba en la mano y lo hundió con toda su fuerza en un ojo del hereje, vaciándoselo. Como se ve, no es exacto que Dios -como dice el vulgo- castiga sin piedra ni palo, por más que muestre predilección por el fuego.

* * *

Las persecuciones constantes y los castigos crueles no han evitado que se practiquen actualmente los más odiosos ritos del satanismo.

Dejamos a J. K. Huysmans la responsabilidad de sus acusaciones escandalosas. Para acreditar la importancia y la posible veracidad de sus tremendas afirmaciones, es preciso recordar dos casas bien comprobadas: Huysmans fue un satanista convencido y curiosa, y hombre de muy poca fantasía, solo era capaz de escribir con entusiasmo y acierto de las cosas que había vivido o estudiado pacientemente en los libros. El protagonista de sus novelas es siempre el mismo, tomando distintos nombres[37].

---

[37] La afirmación la han hecho con rara unanimidad todos los biógrafos de Huysmans. Blasco Ibáñez la ha podido repetir apoyado en buenos textos y muchas autoridades. Hablando de Folatin, el humilde empleado, solterón, dispéptico, aburrido de Aguas abajo (la mejor novela

54

El Huysmans de la novela Là-bas, dedicado a estudiar el satanismo con interés, que a veces parece delectación, se llama Durtal. Lo que Durtal no puede ver por sí mismo, se lo descubren el escéptico Des Hermies u otros personajes secundarios, bien ideados por Huysmans, para amenizar habilidosamente el relato con la variedad y el interés de un dialogo, que le quitan a su estudio la entonación enfadosa de una lección o un informe.

Es Huysmans, pues, quien afirma que en la actualidad muchos adeptos al satanismo "son superiores de misioneros, confesores de comunidades, prelados y abadesas. En Roma está el centro de la magia actual y en ella figuran los más altos dignatarios. En cuanto a los laicos, se reclutan en las clases pudientes, y esto explica por qué se encubren sus escándalos, que no ignora en absoluto la policía. Admitamos que ahora no se cometen asesinatos para sacrificar al diablo. A lo más que se llega en ciertos casas es a sangrar fetos, cuyo aborto se ha provocado cuando están ya bien preparados para tal fin. Pero lo de los asesinatos o el simple derramamiento de sangre no es más que un aderezo suplementario, un excitante para abrir el apetito. Lo esencial en los ritos demoniacos es consagrar la hostia y destinarla a un uso infame. Actualmente no se sigue un ritual uniforme y regular en las misas negras.

Hoy, como en los siglos XVI y XVII se considera de obligación que sea un sacerdote el oficiante de las misas diabólicas, porque solo él puede operar el misterio de la Transustanciación[38]. Pero a falta de misas eficaces y de sacerdotes atroces, las gentes dominadas por la manía del sacrilegio no se privan de realizar el estu-

---

de Huysmans), dice Blasco Ibáñez: "El empleado de Aguas abajo, el malhumorado señor Folatín es el mismo Huysmans. Y este personaje sentido y vivido se reproduce en todas sus novelas. El protagonista es siempre Folatín, o sea Huysmans: lo mismo cuando lanza sus lamentos de pesimista, que cuando cree momentáneamente en el satanismo, o acaba por convertirse a la religión católica y vive en conventos."

[38] En cierta ocasión declaró Huysmans a un amigo (quien no tardó en hacer pública la confidencia) que conocía a un obispo exonerado, que se dedicaba, en Paris, al lucrativo oficio de facilitar a los adoradores de Satanás hostias que el envilecido sacerdote consagraba.

pro sagrado con que sueñan. En 1855 existía en Paris una asociación compuesta de mujeres en su mayor parte. Estas mujeres comulgaban en diferentes iglesias varias veces al día, conservaban en la boca las celestes Especies y las sacaban con disimulo para mancillarlas en sus asambleas diabólicas con repugnantes y deshonestos contactos. Estos hechos los denunció un periódico religioso, *Los Anales de la Santidad*, y el arzobispo de Paris, varias mujeres dedicadas a tan odioso comercio. Se las pagaba a tanto la hostia, con lo que se estimulaba su interés de acercarse a la Santa mesa en mu- chas iglesias." En boca de otro personaje, pone Huysmans estas palabras confirmatorias: "En la revista católica *La Voz del Septenario* se dijo que durante veinticinco años los satanistas de Agen no cesaron de celebrar misas negras. Se calcula que estos sacrílegos profanaron más de tres mil hostias santas. Jamás el obispo de Agen, que era un prelado fervoroso y bueno, se atrevió a negar que se consentían tales monstruosidades en su diócesis."

Recientemente el satanismo se ha hecho centralizador y administrativo. Tiene comités y delegaciones sabiamente repartidas; una especie de curia diabólica que rige América y Europa, con tanta autoridad y destreza como la curia romana.

«La más vasta de estas asociaciones, cuya fundación se remonta al año 1855, es la Sociedad de los Re-Theurgistas Óptimos. Bajo una aparente unidad, se divide en dos campos: uno pretende destruir el mundo y reinar sobre sus escombros; el otro sueña simplemente con imponerle un culto demoniaco, del cual sería él el arcipreste. Esta Sociedad radica en América, donde en otra época estaba dirigida por el poeta Longfellow, quien se titulaba gran sacerdote del Nuevo Magismo Evocador. Durante mucho tiempo tuvo ramificaciones en Francia, en Italia, en Alemania, en Rusia, en Austria y hasta en Turquía.

A la hora actual esta borrada o tal vez muerta del todo; pero acaba de crearse otra, que tiene por objeto elegir un antipapa que sea el

Anticristo exterminador. Y no cito sino dos sociedades; pero ¿cuántas otras, más o menos numerosas, más o menos secretas de común acuerdo, a las diez de la mañana del día del Corpus celebran Misas Negras en Paris, en Roma, en Brujas, en Constantinopla, en Nantes, en Lyon y en Escocia, donde pululan los hechiceros?

"Además, a parte de estas asociaciones universales o de las asambleas locales, abundan los casos aislados, sobre los cuales parpadea una luz tan difícilmente encendida. Hace algunos años murió, lejos de Francia y arrepentido, un cierto conde de Lautrec, que hacía a las iglesias donativos de estatuas piadosas, las cuales maleficiaba antes para satanizar a los fieles. En Brujas, un sacerdote a quien conocí contaminaba los vasos sagrados y se servía de ellos para preparar maleficios y malas suertes. Por Ultimo, entre todos, es digno de citarse el caso de Cantianille, que en 1865 no solamente trastornó a la ciudad de Auxerre, sino también a toda la diócesis de Sens.

Esta Cantianille, recluida en un convento de Mont-Saint-Sulpice, fue violada a los quince años por un sacerdote que la consagró al diablo. A este sacerdote le pervirtió a su vez, en su infancia, un eclesiástico que formaba parte de una secta de posesos creada la misma noche del día en que fue guillotinado Luis XVI.

Lo que pasó en ese convento, donde, evidentemente exasperadas por el histerismo, se asociaron varias monjas a las demencias eróticas y a los delirios sacrílegos del cura, recuerda, hasta inspirar asco, los procesos de la magia de antaño, las historias de Gaufredy y de Magdalena Palud, de Urbano Grandier y de Magdalena Bavent, del jesuita Girard y de La Cadiere, historias acerca de las cuales habría mucho que decir desde el punto de vista de la histero-epilepsia por una parte y del diabolismo por otra. El caso es que, después de expulsado del convento, Cantianille, fue exorcizada por cierto sacerdote de la diócesis, el abate Thorey, cuyo cerebro parece que no resistió bien estas prácticas. Poco después, ocurrieron en Auxerre unas escenas tan escandalosas y unas crisis tan diabólicas, que tuvo que intervenir el obispo. Se echó del país a Cantianille, se castigó disciplinariamente al abate Thorey, y el asunto fue a Roma.

Lo mas curioso es que el obispo, aterrado por lo que había visto, presentó su dimisión y se retiró a Fontainebleau, donde murió dos años después, espantado todavía."

Hay en Là-bas, la impresionante novela de Huysmans, una descripción minuciosa, preñada de atroz realismo, de una Misa negra, a la que asiste Durtal por vez primera, con la inteligente compañía y guía de su amante, la señora de Chantelouve, satanista fervorosa.

Si se recuerda lo que hemos dicho de la incapacidad confesada de Huysmans para escribir de cosas irreales, sueños de su fantasía, se adquiere el convencimiento de que pinta -con el estilo grandiosamente brutal con que triunfó en el naturalismo- lo que sus ojos han visto, lo que ha impresionado reciamente su sensibilidad de artista. Juzgue el lector por sí mismo hasta qué punto tiene esta angustiadora pintura, este aguafuerte terrible, la fuerza y la animación de unos instantes inolvidables intensamente vividos.

Jacinta de Chantelouve y su querido, Durtal, llegan de noche a la calleja apartada donde tienen el infame templo los devotos de Satán. El viaje lo han hecho de noche, en un silencio terco y hostil impuesto por la actitud reservada y cavilosa de la satánica.

Desembocaron en un patio, se detuvieron ante una antigua casa y Jacinta llamó. Apareció un hombrecillo que le dejó el paso libre, y le preguntó cómo le iba, con voz afectada y cantarina. Pasó ella adelante, saludándole, y Durtal rozó su faz marchita, de ojos líquidos y gomosos, mejillas embadurnadas de afeites y labios pintados, y pensó que había caído en una madriguera de sodomitas.

-No me había anunciado usted que tendría semejante compañía- dijo a Jacinta, uniéndose a ella en el recodo de un pasillo alumbrado por una lámpara.

-¿Pensaba usted encontrarse aquí con santos?

Luego se encogió de hombros y abrió una puerta. Estaban en una capilla de techo bajo, atravesado por vigas pintarrajeadas de brea, con ventanas ocultas por grandes cortinas y muros agrietados. Durtal retrocedió a los primeros pasos. Soplaban bocanadas de calorífero formando trombas. Un abominable olor a humedad, a moho, a estufa nueva, exasperado por un perfume irritante de álcalis, resinas y hierbas quemadas le apretaba la garganta y le oprimía las sienes.

Avanzó a tientas, sondeando esta capilla que apenas iluminaban unas lucecitas de santuario ardiendo macilentas en lámparas suspendidas de bronce dorado con vasos de vidrio rosáceo. Jacinta le hizo seña de que se sentara, y se dirigió a un grupo de personas instaladas sobre divanes, en un rincón, envueltas en la sombra.

Un poco azorado de que le dejasen aparte, Durtal notó que entre los asistentes había muy escasos hombres y muchas mujeres; pero en vano trató de discernir sus rasgos. Acá y allá, sin embargo, al llamear con más intensidad alguna lamparilla, divisó un tipo junónico de morena gruesa o una faz de hombre afeitada y triste. Los observó, y pudo advertir que las mujeres no parloteaban entre sí. Su conversación parecía medrosa y grave, pues no se oía la menor risa ni la menor voz fuerte, sino un bisbiseo irresoluto, furtivo, sin ningún gesto.

-¡Caray! -se dijo-. Por lo visto, Satán no hace muy dichosos a sus fieles.

Un monaguillo vestido de rojo avanzó hacia el fondo de la capilla y encendió una fila de cirios. Entonces apareció el altar, un altar de iglesia ordinaria, con un tabernáculo sobrepuesto, por encima del cual se erguía un Cristo irrisorio, infame. Le habían levantado la cabeza y alargado el cuello, y unos pliegues pintados en las mejillas tornaban su faz dolorosa en un hocico torcido por una risa innoble. Estaba desnudo, y en lugar del lienzo que habitualmente ciñe sus flancos, la inmundicia impresionada de hombre surgía erguida de un manojo de crines. Delante del tabernáculo estaba colocado un cáliz cubierto con la palia. El monago, al alisar con sus manos el manto del altar, meneaba las caderas, se alzaba sobre un pie como si fuese a volar o imitaba a los querubines so pretexto de alcanzar los cirios negros, cuyo olor de betún y de pez se iba añadiendo a las pestilencias sofocadoras de esta estancia.

Durtal reconoció bajo el traje rojo al "Jesusito" que guardaba la puerta cuando el entró, y comprendió el papel reservado a este pederasta, cuya sacrílega podredumbre sustituía a la pureza de la infancia que requiere la Iglesia.

Luego se exhibió otro monaguillo todavía más repugnante. Enflaquecido, chupado y conmovido por una los de tísico, había reparado los estragos de su rostro con carmines y blancos crasos. Cojeaba al marchar, canturreando al mismo tiempo que flanqueaban el altar, removió las brasas escondidas en las cenizas y quemó en ellas trozos de resina y hojas.

Comenzaba Durtal a aburrirse, cuando Jacinta se reunió con él. Se excusó por haberle dejado solo tanto tiempo, le invito a cambiar de sitio y le condujo detrás de todas las filas de sillas, muy apartado del resto de la concurrencia.

-¿Estamos, pues, en una verdadera capilla? -preguntó él.

-Sí; esta casa, esta iglesia y el jardín que hemos atravesado son los restos de un antiguo convento de ursulinas, ahora destruido. Durante mucho tiempo, se almacenaron forrajes en esta capilla. La casa pertenecía a un alquilador de coches, que la vendió a esa señora.

Y designaba a la morena gruesa que había entre visto Durtal.

-Y ¿está casada esta señora?

-No; es una antigua religiosa a la que pervirtió en otro tiempo el canónigo Docre.

-¡Ah! ¿Y esos señores que parece que desean permanecer en la sombra?

-Son satánicos... Entre ellos hay uno que fue profesor en la Escuela de Medicina. Tiene en su casa un oratorio donde reza a una estatua de Venus Astarté, puesta de pie en un altar.

-¡Bah!

-Sí, se hace viejo, y las oraciones demoniacas duplican sus fuerzas, de las que usa con criaturas de ese género.

Y designó con un ademan a los dos monaguillos.

-¿Me garantiza usted la veracidad de esta historia?

-Prueba de que no la inventó es que la encontrará usted, contada extensamente, en un periódico religioso: *Los Anates de la Santidad*. Y aunque se le aludía de un modo claro en el artículo, ese señor no se atrevió a hacer que se persiguiera al periódico... ¡ah! ¿Qué le pasa a usted? -repuso, mirándole.

-Me pasa... que me ahogo. ¡El olor de esos pebeteros es intolerable!

-Se acostumbrara usted en pocos segundos.

-Pero ¿qué queman para que apeste así?

-Hojas de beleño y de datura, solanáceas secas y mirra. ¡Son los perfumes gratos a Satán, nuestro señor!

Ella contempló: estaba pálida, tenía la boca apretada y sus ojos lluviosos parpadeaban.

-Hele aquí -murmuró de repente, en tanto que las mujeres corrían delante de ellos e iban a arrodillarse encima de las sillas.

Precedido de los dos monaguillos y llevando en la cabeza un bonete escarlata, sobre el cual se erguían dos cuernos de bisonte en paño rojo, entró el canónigo.

Durtal le examinó mientras el sacerdote se encaminaba al altar. Era alto, pero mal conformado, muy largo de busto y corto de piernas. La frente espaciosa se prolongaba sin curva en una nariz recta. Los labios y las mejillas estaban erizados de esos pelos duros e hispidos que tienen los presbíteros viejos que se han afeitado durante mucho tiempo. Las facciones eran sinuosas y gruesas. Los ojos, como pepitas de manzana, pequeñitos, negros y muy cercanos a la nariz, fosforecían. En resumen, toda su fisonomía era mala y removida, pero enérgica. Sus ojos duros y fijos no se asemejaban a las pupilas fugitivas y solapadas que se había imaginado Durtal.

Se inclinó solemnemente ante el altar, subió las gradas y empezó su misa.

Durtal vio entonces que estaba desnudo bajo los hábitos del sacrificio. Sus carnes, empujadas por ligas apretadas y altas, aparecían por encima de sus medias negras. La casulla tenía la forma ordinaria de las casullas; pero era de un rojo sombrío de sangre seca, y tenía en medio un triángulo, alrededor del cual se extendía una vegetación complicada. En el interior del triángulo, un cabrón negro, erguido sobre sus patas traseras, presentaba los cuernos.

Docre hacía las genuflexiones, las inclinaciones, incompletas o profundas, especificadas por el rito. Los monaguillos, de rodillas, recitaban las respuestas latinas con una voz cristalina que cantaba al final de las palabras.

-¡Ah! Pero esto es una sencilla misa rezada -dijo Durtal a la señora de Chantelouve.

Ella le hizo seña de que no. Efectivamente, en este momento, los monaguillos pasaron detrás del altar y trajeron el uno cazoletas de cobre y el otro incensarios, que distribuyeron a los circunstantes.

Todas las mujeres se envolvieron en humo. Algunas inclinaron la cabeza sobre los braserillos, olfatearon el olor a plena nariz, y luego, desfallecientes, se desabrocharon la ropa, lanzando suspiros roncos.

Entonces se interrumpió el sacrificio. El sacerdote bajó los peldaños andando hacia atrás, se arrodilló en el último, y con voz trepidante y aguda, gritó:

-¡Maestro de los Escándalos, Dispensador de los beneficios del crimen, Intendente de los suntuosos pecados y de los grandes vicios, Satán, es a ti a quien adoramos, Dios lógico, Dios justo!

"Legado sobre admirable de las falsas zozobras, tú acoges la mendicidad de nuestras lagrimas; tú salvas el honor de las familias con el aborto de los vientres fecundados durante los olvidos de las buenas crisis; tú insinúas a las madres la prisa de los partos prematuros, y tu obstetricia evita las angustias de la madurez y el dolor de las caídas a los niños que mueren antes de nacer.

Sostén del pobre exasperado, Cordial de los vencidos, tú eres quien los dotas de la hipocresía, de la ingratitud y del orgullo, con el fin de que pueden defenderse contra los ataques de los hijos de Dios, de los ricos.

¡Soberano de los desprecios, Contador de las humillaciones, Propietario de los odios viejos, tú solo fertilizas el cerebro del hombre a quien aplasta la injusticia; tú le infundes las ideas de las venganzas preparadas y de las malas acciones seguras; tú le incitas a los asesinatos, tú le das el exuberante júbilo a las represalias tomadas, la buena embriaguez de los suplicios llevados a cabo, de los llantos de que es causante!

Esperanza de las virilidades, Angustia de las matrices vacías, Satán, tú no pides los inútiles tormentas de los riñones castos, tú no encareces la demencia de las cuaresmas y de las siestas; tu solo recibes las suplicas carnales y las apostillas cerca de las familias pobres y avarientas. ¡Tú determinas a la madre a vender su hija y a ceder su hijo, tú ayudas a los amores estériles y reprobados, Tutor de las estridentes Neurosis, Torre de Plomo de las Histerias, Vaso ensangrentado de las Violaciones!

Señor, tus fieles servidores, de rodillas, te imploran. ¡Ellos te suplican que les asegures el goce de esas deliciosas fechorías que la justicia ignora; te suplican que les ayudes en los maleficios cuyos rastros desconocidos desorientan la razón del hombre; te suplican que les atiendas cuando anhelen la tortura de todos aquellos que los amen y que los sirven; te piden, en fin, gloria, riqueza y poderío, a ti, Rey de los desheredados, el Hijo a quien arrojó el inexorable Padre!"

Luego se levantó Docre, y de pie, con voz clara y llena de odio, *extendiendo los brazos, vociferó:*

-¡Y tú, tú a quien, en mi calidad de sacerdote, fuerzo, quieras o no, a descender a esta hostia y a encarnar en este pan, Jesús, Artesano de las supercherías, Ratero de homenajes, Ladrón del afecto, escucha! Desde el día en que saliste de las entrañas embajadoras de una Virgen, faltaste a tus compromisos, mentiste a tus promesas. ¡Siglos han sollozado aguardándote, Dios fugitivo, Dios mudo! ¡Tú debías redimir a los hombres y no has rescatado nada: debías aparecer en tu gloria y te duermes! Continúa tus mentiras; di al miserable que te llama: "Espera, ten paciencia, sufre, el hospital de las almas te recibirá, te asistirán los ángeles y ya se abre para ti el cielo." ¡Impostor, bien sabes que los ángeles se alejan, disgustados de tu inercia! ¡Debías ser el intermediario de nuestras quejas, el Chambelán de nuestros lloros; debías introducirlos cerca del Padre, y no los has hecho, porque sin duda esta intercesión estorba tu sueño de eternidad beata y regoldona!

¡Te olvidaste de esa pobreza que predicabas, vasallo enamorado de los Bancos! ¡Viste despanzurrar a los débiles por la prensa del agio, oíste los estertores de los tímidos baldados por el hambre, de las mujeres violadas por un poco de pan, e hiciste responder,

por la cancillería de tus simoniacos, por tus representantes co-
merciales, por tus papas, excusas dilatorias, promesas evasivas,
Procurador de sacristía, Dios de negocios!

¡Monstruo, cuya inconcebible ferocidad engendró la vida y la
impuso a inocentes, que osas condenar en nombre de no se sabe
qué pecado original y qué osas castigar en virtud de no se sabe
que cláusulas! ¡Nosotros quisiéramos, sin embargo, hacerte con-
fesar por fin tus impúdicas mentiras, tus inexpiables crímenes!
¡Nosotros quisiéramos remachar tus clavos, hundir más tus espi-
nas, atraer de nuevo la sangre dolorosa al borde de tus llagas
secas!, y podemos hacer eso y vamos a hacerlo, violando la quie-
tud de tu cuerpo, Profanador de los amplios vicios. ¡Abstractor
de purezas estúpidas, Nazareno maldito, Rey holgazán, Dios co-
barde!

-¡Amen! -gritaron las voces cristalinas de los monaguillos.

Durtal escuchaba este torrente de blasfemias y de insultos. La
inmundicia de aquel sacerdote le tenía estupefacto. A sus aullidos
sucedió un silencio. La capilla humeaba en la bruma de los incensarios. Las mujeres, taciturnas hasta entonces, se agitaron, mientras que el canónigo, subiendo nuevamente al altar, se volvía hacia
ellas y las bendecía, con la mano izquierda, en un amplio ademan.

Y de pronto los monaguillos agitaron campanillas. Fue como una
señal. Varias mujeres, cayendo sobre la alfombra, se enrollaron
con histéricas convulsiones. Una, que parecía movida por un re-
sorte, se tiró sobre el vientre y remó en el aire con los pies. Otra,
atacada súbitamente de un estrabismo repulsivo, cloqueó, y luego,
quedándose afónica, permaneció con la mandíbula abierta y la
lengua encorvada, tocando con la punta lo alto del paladar, Otra,
abotargada, lívida, con las pupilas dilatadas, inclinó la cabeza sobre un hombre, luego la irguió con un gesto brusco y se abrió
surcos en la garganta con las uñas, lanzando rugidos. Otra, extendida sobre los riñones, deshizo sus faldas y dejó surgir una panza
desnuda, meteorizada, enorme: luego se retorció con espantosas

muecas, sacando, sin poder retirarla ya, una lengua blanca, desgarrada en los bordes, de una boca sanguinolenta erizada de dientes rojos,

De repente, se levantó Durtal para ver mejor, y oyó y escrutó al canónigo Docre.

Contemplaba este al Cristo que había encima del tabernáculo, y con los brazos abiertos vomitaba espantosos ultrajes y gritaba con todas sus fuerzas injurias de cochero borracho, Uno de los monaguillos se arrodilló delante de él, volviendo la espalda al altar, en estremecimiento recorrió la espina dorsal del sacerdote, quien, con acento solemne, pero con voz estropajosa, dijo: "*Hoc est enim corpus meum.*" Luego, en vez de arrodillarse ante el precioso cuerpo después de la consagración, se volvió de cara a los circunstantes, y apareció tumefacto, huraño, chorreando sudor.

Titubeaba entre los dos monaguillos, los cuales, levantándole la casulla, mostraron su vientre desnudo. Y así la sostuvieron mientras la hostia, que se llevó él al bajo vientre, saltaba, rozada y manchada, por los peldaños,

Entonces Durtal se estremeció, porque un viento de locura pareció sacudir la sala. El aura de la gran histeria siguió al sacrificio y encorvó a las mujeres. En tanto que los monaguillos incensaban la desnudez del pontífice, las mujeres se abalanzaron sobre el pan eucarístico, y de bruces, al pie del altar, lo arañaron, arrancaron partículas húmedas, bebieron y comieron esta divina basura.

Otra, que estaba acurrucada sobre un crucifijo, pronunció en una risa desgarradora y luego gritó: "¡Sacerdote mío, sacerdote mío!, Una vieja se mesó los cabellos, dio un saltó, giró sobre ella misma, se dobló, sosteniéndose sólo con un pie, y cayó cerca de una joven que, tendida junto a la pared, rechinaba los dientes, presa de convulsiones, babeaba agua gaseosa y escupía tremendas blasfemias, llorando. Y Durtal, espantado, vio entre el humo, como a través de una niebla, los cuernos rojos de Docre, que, sentado ahora, espumeaba de rabia, mascaba panes ácimos, los escupía y se limpiaba con ellos la parte posterior, distribuyéndoselos luego a las mujeres. Y ellas se los metían, bramando, en sus partes secretas o se echaban unas sobre otras para violarlos mejor.

Aquello era una celda de manicomio, una monstruosa jaula de prostitutas y de locas. Mientras los monaguillos se aliaban con los hombres, la dueña de la casa, con las faldas remangadas, se subía al altar, empuñaba con una mano la verga del Cristo y colocaba con la otra el cáliz entre sus piernas desnudas. En el fondo de la capilla, en la sombra, una jovenzuela, que no se había movido hasta entonces, se encorvó de improviso hacia adelante y aulló a la muerte como una perra.

Estremecido de asco y asfixiado a medias, Durtal quiso huir. Buscó a Jacinta, pero ya no estaba ella junto a él. Acabó por vislumbrarla junto al canónigo, y sallando parejas de cuerpos enlazados sobre la alfombra, se acercó a ella. Con las aletas de la nariz tremantes. Jacinta husmeaba las exhalaciones de los perfumes y de las parejas que se habían acoplado.

-¡El olor del aquelarre! -le dijo a media voz, con los dientes apretados.

-Vamos, ¿viene usted o no?

Ella pareció despertar, tuvo un momento de vacilación y luego le siguió sin responder nada.

Durtal puso en juego sus codos, desasiéndose de las mujeres que ahora le salían al paso con dientes prontos a morder. Empujó a la señora de Chantelouve hacia la puerta, atravesó el patio y el vestíbulo, y como la portería estaba vacía, tiró del cordón y se encontró en la calle.

Aquí se detuvo y aspiró a plenos pulmones varias bocanadas de aire. Jacinta, inmóvil, con la mirada perdida a lo lejos, se arrimó al muro.

Ella miró.

-¿Confiesa usted que tiene ganas de volver ahí dentro? -dijo con una voz en que se traslucía el desprecio.

-No -contestó ella con un esfuerzo-; pero esas escenas me quebrantan. Estoy aturdida, necesito beber un vaso de agua para reponerme.

Y echó a andar por la calle, apoyándose en el brazo de su acompañante, pero en dirección a una taberna, cuya puerta estaba abierta todavía..."

La sed de que Jacinta se queja no se calmaba con agua; es sed de hombre, sed de pecado. El espectáculo a que ha asistido ha despertado con furia su lujuria de satánica. Casi por fuerza hace entrar al sorprendido Durtal en una pieza de la tasca-lupanar, donde le incita y acosa con sus manoseos íntimos.

Entonces ella se desnudó, tiró por el suelo sus ropas, abrió enteramente la abominable cama, y levantándose la camisa hasta los hombros se frotó la espina dorsal con el granulado de las sabanas, encandilando los ojos y riendo de Contento.

Luego se apoderó de su compañero y le reveló gustos propios de un cautivo, torpezas anormales, de las que él no la creía capaz siquiera. Además las pimentó con furias de vampiresa de boca ávida; y cuando Durtal pudo al fin escaparse, se estremeció al ver en la cama fragmentos de hostia.

-¡Oh, me da usted horror! -le dijo-. Vístase y vámonos.

Mientras ella se vestía, silenciosa, con un aire de demencia, él se sentó en una silla, y la fetidez de la estancia le revolvió el estómago. Además, aunque no estaba seguro en absoluto de la transustanciación, aunque no creía firmemente que el Salvador residiese en aquel pedazo de pan mancillado, le entristecía el sacrilegio del cual había participado sin querer..."

Capítulo IV - Los demonios lujuriosos

En su inconfundible estilo jocoserio escribe Voltaire en el artículo "Íncubos" de su *Diccionario filosófico*: ¿"Hay realmente íncubos y súcubos? Todos nuestros sabios jurisconsultos demonógrafo admitían igualmente la existencia de unos y otros. Pretendían que el diablo, que no duerme, inspiraba sueños lascivos a los jovenzuelos y a las señoritas; que recogía cuidadoso el producto de los sueños masculinos y que lo llevaba a toda prisa y caliente al órgano femenino destinado a recibirlo. Así nacieron en la antigüedad muchos héroes y no pocos semidioses.

El diablo se tomaba un trabajo indiscutiblemente superfluo. Le hubiera bastado dejar en completa libertad de acción a los jovenzuelos y las jóvenes, y sin la intervención del diablo hubieran poblado el mundo de héroes.

Se concibe la existencia y el empleo de los íncubos, por esta explicación del gran del Rio, de Boguet, y de otros sabios bien enterados de cosas de brujería; pero no nos da razón de la existencia de los súcubos. Una muchacha nos convence con facilidad de que se ha acostado con un genio, con un dios, y que este dios le ha hecho un hijo. La explicación de del Rio le es favorable. El diablo ha depositado en ella la semilla de un chiquillo vertida en sueños por un joven; queda encinta y, llegado el día, pare, sin que haya modo de hacerle ningún reproche. El diablo ha sido su incubo[39].

---

[39] Sobre esta grave cuestión, que Voltaire parece tomar a broma, han discurrido muy seria y muy largamente varios Padres de la Iglesia y muchos doctos teólogos. Martin del Río y Bodin resuelven fácilmente la cuestión diciendo que son los íncubos diablos masculinos que cohabitan con mujeres, y que los súcubos son demonias, o demonios hembras, que realizan con el hombre normales ayuntamientos, más o menos complicados. Simitrari d' Ameno opina que los íncubos no son realmente demonios, sino espíritus animales intermedios entre el demonio y el ángel. Añade que tienen los íncubos órganos genitales completos y están dotados de cualidades prolíficas.

Esta afirmación contrasta con la de los teólogos que afirman que el íncubo se apodera del semen que pierde el hombre en sueños lúbricos que provoca Satanás.

A los que admiten esta complicada hipótesis, les ha preocupado mucho discernir quién es en realidad el padre de los hijos que pueden nacer de esta especie de fecundación artificial. Santo Tomas sostiene y prueba con su facundia escolástica que se ha de tener por padre al hombre

Pero si el diablo se hace súcubo, la cosa cambia completamente de aspecto. Ante toda es necesario que sea diablesa, y precisa luego que la semilla del hombre entre en ella. En este caso es la diablesa la que queda fascinada por el hombre, y es a ella a la que se le hace el hijo.

¡Los dioses y las diosas de la antigüedad procedían de modo mucho más claro y más noble! Júpiter fue en persona el íncubo de Alcmena y de Sémele. Tetis fue en persona el súcubo de Peleo, y Venus el súcubo de Anquises, sin tener que recurrir a todos los subterfugios de nuestra diablería... Por lo que se refiere a la manera de embarazar a las muchachas por el ministerio del diablo, no nos es posible dudar, porque la Sorbona decidió el asunto en el año 1318:

« *Per tales artes et ritus impíos et invocationes daemonum, nullus unquam sequatur efectus ministerio daemonum error.*"

(Es un error creer que estas artes mágicas y estas invocaciones de los diablos quedan sin efecto.)

Como la Sorbona no ha revocado esta declaración, estamos obligados a creer en los íncubos y los súcubos, como creyeron nuestros mayores y nuestros maestros.

---

que proporciona el semen, y no al demonio. Opinamos con Santo Tomas, convencidos, no por sus razones enrevesadas, sino por esta, que él se deja en el tintero: los chiquillos que hacen los demonios a las casadas que se le entregan, tiene que mantenerlos el desdichado marido, por imperio abusivo de la ley. Y esto es de suerte, que se le obliga al cuitado a aceptar sin rechistar cuanto la esposa pare en el propio domicilio o en la clínica, hasta en los casos en que se haya hecho el adulterio -siempre diabólico- sin disfrutar el marido del sueño lúbrico ni proporcionar el semen. San Agustín, San Buena ventura y el Papa Inocencio VIII han dado sobre los demonios lujuriosos que empreñan a las mujeres, muchas referencias de un carácter íntimo, de imposible traducción a nuestro rudo romance, menos casto que el latín, lengua que todo lo sufre.

71

Hay otros sabios que precisa respetar: Bodin, en su libro, de las brujerías, dedicado a Cristóbal de Them, primer presidente del Parlamento de Paris, refiere que Juana Hervillier, nacida en Verberie, fue condenada, por el dicho Parlamento, a ser quemada viva por haber prostituido su hija al diablo, que era un hombretón negro, cuyo semen era helado. Esto parece contrario a la naturaleza del diablo, pero es lo cierto que nuestra jurisprudencia ha dado siempre por averiguado y cierto que el licor espermático del diablo es frio. El prodigioso número de brujas que ha hecho quemar han muerto convencidas de esta verdad.

El célebre Pico de la Mirándola (un príncipe no miente jamás) dice que él ha conocido a un anciano de ochenta años que se había acostado la mitad de su vida con una diablesa, y a otro de setenta años que podía alardear de lo mismo. Los dos fueron quemados en Roma. Nada nos dice de lo que ha sido de sus hijos.

Queda pues probada la existencia de los íncubos y de los súcubos. No hay, cuando menos, manera de probar que no existen; porque si es de fe que hay diablos que entran en nuestros cuerpos, nada les puede impedir que nos sirvan de mujeres, ni que se metan como mejor les parezca en nuestras hijas. Si hay diablos, es muy probable que haya diablesas. Así, para ser consecuentes, debemos creer que los diablos masculinos hacen chiquillos a nuestras hijas y que nosotros se los hacemos a las diablesas.

Jamás ha habido un imperio más universal que el del diablo. ¿Quién le ha destronado? La razón.

Con más gravedad que Voltaire, pero no con mejor sentido, han escrito largamente sobre los íncubos y los súcubos Santo Tomas, San Agustín y otros Padres de la Iglesia. Lancre y Martin del Rio han apoyado sus necias divagaciones sobre los demonios lujuriosos y traviesos en los escritos de los más sabios y más respetados teólogos, a cuyas afirmaciones, que hoy nos parecen insensatas y risibles, han añadido necias consejas, que quieren hacer pasar como testimonios sólidos de sus supersticiosas creencias.

Lancre asegura, con seriedad pregonera de su sandia buena fe, que el diablo que engendró al emperador Augusto dejó indeleble y diabólica señal en la impúdica gozada, en cuyo vientre imprimió una serpiente. Con igual aplomo afirma que los demonios no acostumbran cohabitar con doncellas, porque a este diabólico concúbito le faltaría el atractivo agravante del adulterio. Demonólogos que se creen más enterados han rebatido esta afirmación, argumentando que corromper a una virgen es un pecado mayor que cohabitar con una casada. Los diferentes criterios nacen, sin duda, de dos distintos conceptos, puramente personales, sobre la virginidad. Lancre -se puede afirmar- es uno de los que creen que desflorar a una virgen, más que un gustoso placer, es un trabajo penoso, que los diablos rehúyen, escarmentados quizá por desagradables experiencias.

Collin de Plancy trae en su *Diccionario infernal* muchos ejemplos con los que quiere probar -o que prueban sin quererlo- que son los demonios lujuriosos caballos de buena boca, que apechugan sin escrúpulo con cuantas mujeres les gustan, sin reparar en su estado civil, que es cosa de poca monta para los íncubos. Copiamos los más salientes.

En Cagliari, una doncella de calidad amaba a un caballero, sin que este lo supiese, El diablo, que descubrió la pasión ardiente y secreta de la muchacha, Tomó la figura del objeto amado, desposóse en secreto con la señorita y la abandonó después de haber alcanzado sus más secretos favores. Al encontrar un día esta mujer al amado, y no advirtiendo en el nada que demostrase que la reconocía por su mujer, se quejó amargamente, pero al fin, convencida de que fue el diablo en persona quien la había engañado, hizo penitencia.

A una inglesa llamada Juana Wigs, obligó un sueño a ir a encontrar a un joven que la enamoraba. Emprendió el camino al otro día para dirigirse a la aldea en donde habitaba su amante, y al llegar a lo más espeso de un bosque presentósele un demonio bajo la forma del enamorado Guillermo, y la gozó. Al regresar la muchacha a su casa se sintió indispuesta y luego cayó peligrosamente enferma, creyendo que esta enfermedad se la había causado su amante, el cual se justificó probando que no estaba en el bosque a la hora que ella decía. Quedó entonces descubierta la superchería del demonio íncubo, lo que agravó la enfermedad de aquella mujer, que lanzaba un hedor insoportable, y murió tres días después, abotagada en extremo, con los labios lívidos y el vientre negro.

Una Doncella escocesa se puso encinta por obra del diablo. Sus padres la preguntaron que quien la había seducido, a lo que ella respondió que el diablo se acostaba todas las noches con ella bajo la forma de un hermoso joven. Los padres, para certificarse de ello, se introdujeron de noche en el aposento de su hija y percibieron junto a ella un horrible monstruo que nada tenía de forma humana, y como aquel monstruo no quisiese marcharse, llamaron a un sacerdote que le echó, pero al salir el diablo hizo un espantoso ruido, quemó los muebles del aposento y se llevó el techo de la casa. Tres días después, la joven parió un monstruo el más horrible que se hubiese visto jamás, y al que ahogaron las comadres.

Un sacerdote de Bonn llamado Arnoldo, que vivía en el siglo XII, tenía una hija sumamente hermosa a la que vigilaba con mucho cuidado a causa de que los canónigos de Bonn estaban enamorados de ella, y siempre que salía la dejaba encerrada sola en un pequeño cuarto. Un día que estaba encerrada de esta suerte, el diablo fue a visitarla bajo la figura de un hermoso joven y empezó a requebrarla. La doncella, que estaba en la edad en que la imaginación se llena de ilusiones, se dejó fácilmente seducir y concedió al enamorado demonio cuanto deseaba; este por lo menos fue constante, pues desde aquel día no pasó una noche separado de su bella amada; yendo y viniendo días ella se hizo preñada y de una manera tan visible que le fue preciso confesarlo todo, no sin indecible dolor, a su padre.

Enternecido y afligido este, no le fue difícil descubrir que su hija había sido engañada por un demonio íncubo, y así la envió inmediatamente a la otra parte del Rin para ocultar su flaqueza y sustraerla a las pesquisas del amante infernal. Al otro día de la partida de la joven llegó el demonio a casa del sacerdote, y aunque un diablo lo deba saber todo e ir en volandas de una parte a otra, quedó sorprendido al notar la ausencia de su hermosa.

"¡Infame clérigo! -dijo al padre-, ¿Por qué me has quitado mi mujer?..."

Y luego le dio un terrible puñetazo de cuyas resultas murió a los tres días, y no se sabe el desenlace de este drama peregrino.

En la aldea de Schinin, que dependía de la jurisdicción del señor Uladislao de Berstem, Huappius refiere que había una mujer que parió un hijo engendrado por el demonio, el cual no tenía ni pies ni cabeza, una como boca sobre el pecho en la parte izquierda de la espalda y una como oreja en el lado derecho. En vez de dedos tenia pelotas viscosas a manera de sapillos. Todo su cuerpo era del color de la hiel y temblaba como la gelatina. Cuando la partera le quiso lavar, lanzó un grito horrible. Ahogaron este monstruo y le enterraron en la parte del cementerio donde se depositan los niños muertos sin bautismo. Entretanto la madre no cesaba de calmar porque se sacase de las entrañas de la tierra aquel horrible monstruo y que se quemase para que no quedase de él el menor rastro. Confesó que el demonio, tomando la figura de su marido, la había conocido algunas veces y que en consecuencia era necesario volver al demonio su propia obra, y como el mencionado espíritu la agitase violentamente, suplicó a sus amigos que no la abandonasen; y finalmente, por orden del señor Uladislao, se desenterró el monstruo y se entregó al verdugo para que le quemase fuera de las tapias de la aldea. El verdugo consumió gran cantidad de leña sin poder tostar siquiera el cuerpo y hasta el lienzo en que estaba envuelto, aunque arrojado al más violento fuego conservó su humedad basta que habiéndole cortado el verdugo en pedacitos, logró quemarle el viernes después de la fiesta de la Ascensión.

Una joven que vivía cerca de Nantes estaba prendada de un gallardo mozo vecino de un pueblecito inmediato, y tan allá habían llevado las citas, los suspiros y declaraciones de amor, que la virtud de la niña había flaqueado. Un sábado (víspera de San Juan Bautista) la joven se dirigió poco antes de que anocheciera a un bosquecillo donde debía esperar a su amante, y como no le hallase, murmuró entre dientes primero; luego le peso haberle dado sobre ella unos derechos que le permitían faltar a su decoro; mas compensando la falta de respeto con el placer que le daba su amante, se resolvió a aguardarle, ya por temor de enojarle faltando a la cita, ya para echarle en cara su falta de puntualidad.

Sin embargo el gallardo mancebo no venía, y la noche comenzaba a extender sus sombras. Montó en cólera la joven, maldijo a su amante, diole al diablo y dijo entre dientes que mejor hubiera hecho en entregarse a un demonio que a un galán tan frío, y que, así que se le ofreciese ocasión, no tendría reparo alguno en serle infiel, y al decir esto vio venir al amante en cuestión.

Disponíase ella a quejarse agriamente, pero él se excusó lo mejor que pudo; protestó que había estado atareado con urgentes ocupaciones, y la juro que la amaba más que nunca. Calmose el enojo de la joven, él pidió su perdón, lo obtuvo, y luego se internaron en el bosque, para darse nuevas pruebas de amor.

Pero pronto la joven, creyendo estrechar entre sus brazos a su amante, tentó un cuerpo velludo que azotaba el Aire con una larga cola. "¡Oh, amigo mío!", exclamó ella. "Yo no soy tu amigo" -respondió el monstruo clavando sus garras en la espalda de la joven-, "yo soy el diablo, a quien has invocado no ha mucho." Al decir esto le soplo a la cara y desapareció. La infeliz regreso temblando a su aldea; al cabo de siete días pario un gatito negro, y estuvo enferma toda su vida.

Había en Sevilla una señorita sumamente hermosa, pero tan insensible como bella; un caballero castellano la amaba sin esperanza de ser correspondido, y después de haber inútilmente empleado todos los medias para ganar su corazón, partió secretamente de Sevilla y buscó en los viajes un remedio para su vehemente pasión. En esto, un demonio que se prendó de la hermosa resolvió aprovecharse de la ausencia del joven, cuya figura tomo y fue a visitar a la señorita. Quejose al principio de ser tan constantemente despreciado, lanzó profundos suspiros, y después de muchos meses de constancia y solicitaciones logró hacerse amar y fue feliz. Fruto de su íntimo comercio fue un hijo cuyo nacimiento se ocultó a los padres de la niña por destreza del amante infernal; siguió la intriga, continuo el amor y sucedió otro embarazo.

En tanto el caballero, curado por la ausencia volvió a Sevilla, e impaciente por ver a su inhumana querida, fue con la mayor presteza posible a anunciarla que ya no la importunaría más, pues su amor se había amortiguado del todo. Grande fue la sorpresa de la bella andaluza; se anega en llanto, se queja amargamente; sostiénele que ella le ha hecho feliz, él lo niega; ella le habla de su primer hijo y le dice que le va a hacer padre por segunda vez, y él se obstina en negarlo todo. La pobre niña se desconsuela, se mesa los cabellos, acuden sus padres a sus gritos lastimeros y la amante despechada más cuida de desahogar su calera que de ocultar su flaqueza. Infórmanse sus padres del lance, pruébase que el caballero estuvo ausente dos años; buscan al primer hijo, pero había desaparecido probablemente con su padre, el cual no volvió a aparecer. El segundo nació a su tiempo y murió al tercer día.

Lancre habla de muchos demonios que fueron harto descorteses, pues mataron a sus amadas, diciéndolas flores, a puñetazos, y añade apoyado en el testimonio de Santiago Spranger -que fue nombrado por el papa Inocencio VIII para instruir el proceso a los brujos- que frecuentemente se han visto brujas recostadas en tierra con el vientre al aire, meneando el cuerpo con la misma agitación que los que están en este estado, cuando se deleitan con los espíritus o demonios íncubos que nos son invisibles, pero visibles a todos los otros después de esta abominable cópula, un hedor y un negruzco vapor se eleva del cuerpo de la bruja, del grandor y forma de un hombre. Muchos maridos celosos, al ver de esta suerte a los malignos espíritus conocer a sus mujeres, pensando que eran verdaderos hombres, ponían mano a la espada y entonces desaparecían los demonios, y sus mujeres se burlaban de ellos sin compasión.

Los otros casos, que refiere muy por menudo Collin de Plancy, no son ni más divertidos ni más juiciosos que los copiados, y no hay proceso de brujería en que falten confesiones detalladas, y por tanto deshonestas, de mujeres muy lascivas que aseguran formalmente que han copulado con los diablos.

Afirman los demonólogos más famosos que de todos los demonios lujuriosos el más temible, por su virilidad y su astucia, es el llamado Asmodeo. Parece probado que este diablo lascivo fue el que poseyó a la joven Sara, de quien estaba enamorado. Celoso y cruel, dio muerte a siete maridos que Sara tuvo antes de casarse con su primo Tobías, al que Asmodeo respetó la vida porque, siguiendo el medroso esposo las instrucciones del ángel Rafael, dedicó piadosamente a rogar al Señor las horas de la gran noche en que suelen los esposos dedicarse al repiqueteo del pandero virginal aceptando como honesta la picaresca metáfora de Quevedo. Asmodeo quedó así desarmado y perdido. El ángel Rafael Tomó cartas en el asunto y libró para siempre al matrimonio del mal diablo celoso, lascivo y cruel, que fue desterrado a Egipto[40]. Pablo

---

[40] Todo esto consta en el Libro de Tobías, texto canónico -es decir, inspirado y divino- por decisión inapelable del Concilio de Trento: El joven Tobías llega a la ciudad de Rage, acompañado del ángel Rafael, que se le brinda a servirle de compañero y guía. En el camino han hecho una buena adquisición: un pez disforme que pretendía devorar a Tobías, quien se lavaba los pies en un rio. Este pez de rio capaz de devorar a un hombre era un animal prodigioso y único; no es así extraño que no se hable de esta especie en ningún tratado de ictiología.
El ángel dice a Tobías: "Si pusieses sobre las brasas un pedacito del corazón del pez, su humo ahuyenta todo género de demonios, ya sea de un hombre, ya de una mujer, de manera que no se acercan más a ellos. Y también sirve para ungir los ojos que tuvieren nubes y sanaran."

Lucas afirma haberle visto allí en uno de sus viajes. Comentando insidiosamente esta afirmación, dice Collin de Plancy: "Muchos se han burlado de esta noticia; sin embargo, léese en cierta obra que el populacho de Egipto adora todavía a la serpiente Asmodeo, la que tiene un templo en el desierto de Ryannech, Arroja a los demonios de los cuerpos de los maridos ligados (impotentes se les llama sin efugios ni rodeos), y hace fecundas a las mujeres estériles si se avienen a pasar veinticuatro horas en su templo, cuyos sacerdotes no pueden tener más de treinta años."

Pecado mucho más grave -más transcendental al menos- que el de haber dejado a Sara no menos de siete veces viuda y virgen, se le atribuye a Asmodeo, pues es, en sentir de algunos, el atrevido y sagaz demonio que sedujo a Eva en el Paraíso. Aludiendo a esta su primera y más grave seducción, se representa a Asmodeo con cola de serpiente y patas de ganso.

Más lúbrico que Asmodeo es el repugnante Belial, el demonio de la sodomía. El mayor peligro estriba en que este sucio demonio -borracho, disoluto y pederasta- es guapo, esbelto y amable. "El cielo -escribe un demonólogo- no ha perdido otro más bello habitante". Se le tributaba culto en la impúdica Sodoma y en otras poblaciones, pero jamás se atrevieron a erigirle altares. Lancre afirma que es un gran malvado, cuyo nombre significa *rebelde o*

Adelantemos, para que se comprenda la importancia del hallazgo, que el padre de Tobías tenía nubes en los ojos y que muy pronto tendrá necesidad el propio Tobías de espantar a los diablos. El ángel aconseja a su compañero de viaje que pida la mano al rico hacendado Raguel, vecino de Rages, y padre de una hija única, llamada Sara, que ha de heredar toda la hacienda paterna. El partido es tentador, pero Tobías ha oído que a Sara la han dado siete maridos, y que a los siete les ha dado muerte el demonio, sin permitirles consumar el matrimonio.

El ángel le replica que "el diablo sólo tiene maléfico poder contra los que abrazan el matrimonio de manera que echan a Dios de sí, y se entregan a su pasión como el caballo y el mulo, que no tienen entendimiento." Para evitar el riesgo, Tobías no debe ocuparse en los tres días que sigan a la boda, en ninguna otra cosa que en hacer oración con su mujer. Así se hizo; se verificó el casamiento, y, llegada la hora de acostarse, vio con la natural extrañeza Sara que su marido en lugar de desnudarse e ir a su encuentro a la cama, donde le aguardaba palpitante y temerosa, sacaba un pedacito de hígado y lo ponía sobre carbones encendidos. Pero mayor debió de ser su sorpresa cuando oyó que su esposo le decía: Sara, levántate y hagamos oración a Dios hoy, mañana y después de mañana." Así quedó burlado Asmodeo... y probablemente Sara, que esperaría una noche más amena.

desobediente. En el Diccionario infernal, del que es imposible prescindir cuando se habla de demonios, hallamos estos informes sobre Belial, traducidos a la letra de Wierio: "créese que Belial es uno de los reyes del Infierno. Fue criado inmediatamente después de Lucifer y tomó una parte muy activa en la revolución de los ángeles rebeldes, Cuando se le evoca, se le hace, por medio de ofrendas, responder con sinceridad a las preguntas, pero pronto cuenta mentiras, si no se le conjura por el nombre de Dios a que diga siempre verdad. Suele mostrarse en forma de un mancebo muy hermoso; habla con amenidad; procura dignidades y favores, y hace vivir a los amigos en buena inteligencia. Se afirma que tiene una gracia singular para proporcionar criados serviciales."

En la vida del enamoradizo Salomón tiene cierta intervención este demonio.

Se cuenta que, indignado Salomón por la arrogancia con que se le presentaba Belial -dado a tentar a los que ahora llamamos hombres de letras- encerró al sucio demonio en una botella. Pero esto se concilia mal con la afirmación que hacen otros, según los cuales, seducido el sabio rey por una de sus muchas concubinas, adoró en ella a Belial y se prosternó ante su imagen.

Tal vez produzca extrañeza que Salomone se mostrase más impúdico que los mismos sodomitas, dándole culto desvergonzado al demonio de la pederastia. Nosotros no lo extrañamos; sin que nuestra comprensión llegue al extremo de aplaudir su desvergüenza. Nos han hecho tolerantes con los fieles de Belial los alegatos científicos que en pro del perverso culto se han publicado en estos marranos tiempos en que nos toca vivir. La psiquiatría germánica ha fomentado el descoco y ha hecho descarado un vicio que, aunque muy viejo, se gozaba con temor y con recato. Hoy, ya declarado lícito el feo culto (nuestras leyes, que tanto penan las cópulas extraconyugales, toleran la sodomía, y no sería escandaloso ni raro que viéramos erigir templos al repugnante Belial. Tal vez yo he hecho -sin pretenderlo, ¡lo juro!- labor nefasta de impúdica catequesis, dando como mal ejemplo el nombre de Salomón a los que buscan pretexto para exhibir como un mérito su gorrina perversión, en la sospechosa vida sexual de algunos hombres famosos. Es más chusco que indignante, oír a muchos invertidos pavonearse con su torpe inclinación, porque han leído en libros, que quizá mientan, que Sócrates y Platón, rindieron culto a Belial.

Para mancilla de las letras españolas, se ha publicado recientemente -antes no fuera posible- un libro grotesco y cínico en que mantiene su autor, en estilo más perverso que su instinto sexual, que cuantos hombres han hecho algo notable en la vida eran anormales pederastas. De esto a declararnos brutos y necios a los que vamos viviendo, sin dar escándalo, con la libido normal, no hay más que un paso, que se clara de seguro.

Por fortuna, el mismo perverso autor de este insoportable libro es buena prueba de que no basta ser adorador fervoroso de Belial para ser un Salomón, un Sócrates, un Platón ni un Oscar Wilde…

Volvamos a los demonios, menos temibles y menos cínicos que estos homosexuales, corruptores y presuntuosos. Para librarse de los ataques deshonestos del demonio hay, cuando menos, el recurso bien probado de los exorcismos; ;.pero que hacer, ahora que la ciencia los defiende, la costumbre los tolera y las leyes los protegen, para evitar el contacto y las solicitaciones impúdicas de los que dan a Belial sus morbosos homenajes Wierio y cuantos demonólogos se han ocupado, con la seriedad debida, de la complicada corte infernal, dan como cosa averiguada que Pan es el príncipe de los demonios íncubos y Lilith el de los súcubos. Se suele representar a Pan en forma de hombre en la parte superior del cuerpo, y con figura de macho cabrío desde la cintura abajo. De Lilith se tienen pocas noticias, pero se da por cierto que es el diablo encargado de poner a prueba la virtud de los que hacen, antes de la edad de las pasiones, promesa de castidad[41]. Lilith puede alardear de haber trocado en impúdicos al 97% de los sacerdotes, incapaces de vivir en severo celibato. Sólo los enfermos y los frígidos -el3% que resta- salen sin daño de las asechanzas de Lilith. El P. Jacinto Loyson ha declarado esto mismo, aunque con más elegancia y sin establecer porcentajes: "...No hablo del celibato voluntario, tanto más agradable a Dios cuanto más libre y gozoso como el amor que lo inspira, aceptado por un corto número de almas llamadas y sostenidas por una gracia especial. Pero cuando se extiende indistintamente a las naturalezas más dispares y menos preparadas, cuando se impone como un juramento eterno a su inexperiencia y a su entusiasmo, el celibato se trueca en una institución sin entrañas, y con frecuencia inmoral[42]".

Sobre estos mal preparados para ser héroes logra el tentador Lilith muchas victorias. Los más leales *cuelgan los hábitos* al darse cuenta de su flaqueza para resistir la tentación los más astutos fingen y pecan, siendo a un tiempo sacerdotes del castísimo Jesús y del lujurioso Satanás. Julio Cejador -que fue uno de los sacerdotes francos que no quieren resistir el estímulo perenne- declaró un día con su indomable rudeza: "Nada hay tan sucio como el celibato", frase que glosa Saldaña con esta, no menos ruda: "Nada se conoce tan triste, para espíritus limpios, como la suciedad por necesidad."

Como en realidad todos los demonios -sin otra excepción que el llamado Verdeleto, jefe de los eunucos del serrallo del Averno- son incitadores y lujuriosos, en vez de estudiarlos uno a uno (tarea enojosa y larga), referiremos la historia de Magdalena Bavan, tornera del convento de Louviers, de quien se afirma que hizo entrar toda la corte infernal en los cuerpos de las indefensas religiosas. Esta lamentable historia es mucho más elocuente y mucho más

---

[41] La Iglesia no exige en realidad voto de castidad a los sacer- dotes; pero les prohíbe contraer matrimonio. "Nadie, fuera de su conciencia, les pide ser castos; se les requiere sólo para que -siendo castos o no- permanezcan célibes. Así, atados por fuera y célibes por dentro, pasa por la ubicua tentación sexual el cortejo negro de los sacerdotes. (Quintiliano Saldaña, El celibato eclesiástico.)

[42] Appel aux eveques catholiques.

divertida, que cuanto cuentan los demonólogos para probarnos las malas artes de que se suelen servir los demonios lujuriosos.

Pareciendo sospechosa la conducta de Magdalena Bavan o Bavent, se la sometió a proceso. Sujeta a un examen médico, se le encontraron en el demacrado cuerpo cuatro cicatrices, que confesó eran las huellas de otras tantas cuchilladas que le habían dado los demonios. "La más considerable -ahora copiamos literalmente a Plancy-era la que tenía en el bajo vientre." Visitáronla igualmente el pecho que acababa de ser curado de una úlcera. "Sólo encontraron un pequeño agujero del grandor de la cabeza de un alfiler gordo; el seno blanco, duro y liso, y los pezones pequeños, redondos y encarnados como los de una doncella de quince años, sin síntoma alguno de mal. Los comisarios hicieron su relación a la reina, y el cardenal Mazarino escribió al obispo de Evreux, demostrándole lo satisfecho que estaba de la conducta que había observado en este asunto. El obispo exorcizo a Magdalena, y descubrió que había sido embrujada por Maturino Picard, director del convento, a quien, como había muerto, se excomulgó su cadáver, desenterrose y fue arrojado a un muladar. El juez del crimen, Rontier, mando en seguida conducir a su presencia a Magdalena para interrogarla, y confesó que estando en Ruan, en casa de una costurera, un mágico la sedujo y llevo a la reunión de brujas, donde celebro la misa y después le dio una camisa que la arrastraba a la liviandad fue casada con Dagon, diablo del infierno, cuyo abrazo matrimonial recibió no sin padecer muchísimo. Maturino Picard la elevo a la dignidad de princesa de la reunión de brujos, cuando hubo prometido embrujar a toda la comunidad, cometió con él el crimen de sodomía sobre el altar del diablo; compuso maleficios sirviéndose de hostias consagradas mezcladas con pelo del morueco de la reunión de brujos, en una enfermedad que tuvo; Picard la hizo firmar un pacto en un libro mágico; vio parir a cuatro brujas en la reunión, cuyos hijos ayudo a degollar y comer; el Jueves Santo había celebrado la cena comiéndose un chiquillo; en la noche del Jueves al Viernes, Picard y Coule, su vicario, habían asesinado el santo sacramento traspasando la hostia por medio, y de ella salió sangre. Además confesó haber asistido a la evocación del alma de Picard, que hizo Tomas Coule en una granja para confirmar los maleficios de la diócesis de Evreux.

Añadió a estas deposiciones, ante el parlamento de Ruan, que David, primer director del monasterio, era mágico, y que había dado a Picard una cajita llena de hechizos, delegándole todos sus poderes diabólicos; que Maturino Picard la tentó el pecho por debajo del jubón cuando iba a comulgar, y que la dijo: "ya verás lo que te acontecerá"; y que probó una conmoción tal, que se vio obligada a salir al jardín; allí, habiéndose sentado bajo un moral, un horrible gato, muy negro y muy hediondo, le puso las patas en la espalda, acercó el hocico a su boca, para extraerle la sagrada hostia que no había aun digerido; por fin, había compuesto maleficios con sapos, polvos pestilenciales, etcétera.

Añadió que Picard celebraba la misa de la reunión de brujos, sirviéndole de diacono Boulle; que hacían la procesión; que el diablo, mitad hombre y mitad cabrón, asistía a estas misas execrables y que en el altar había candelas encendidas, pero todas negras.

Magdalena Bavan confesó Además que, estando un día en la capilla del monasterio de Louviers. Picard la conoció carnalmente en dicha capilla, cometiendo esta acción criminal con abominaciones que horroriza explicar; durante esta execrable acción, un diablo en forma de gato (que la declarante creyó ser el mismo que se le apareció bajo el moral) se presentó, y que el mágico Picard fue conocido ignominiosamente por él.

Nos da vergüenza referir tales detalles, pero no se pueden omitir, siendo necesario conocer las nefandas supersticiones de los tiempos antiguos. Magdalena Bavan dice también haber cohabitado y danzado con Boulle, y añade que algunos demonios en forma de gatos le habían prodigado sus caricias en la celda; y contó que, habiendo los mágicos dado de cuchilladas en la preciosa sangre de Jesucristo, el vino (cambiado en sangre) regó la tierra; que Dios apareció humanamente, con la Santísima Virgen a sus pies, teniendo un santo a cada lado; que reprehendió este asesinato a los mágicos, a quienes hirió con su rayo, mientras los dos santos recogían la preciosa sangre que había caído por tierra...

En 12 de marzo de 1643 Magdalena Bavan fue condenada a encierro perpetuo en una gruta, y a ayunar a pan y agua tres días de la semana, por toda su vida, "por haber vergonzosamente prostituido su cuerpo a los diablos brujos y otros, con cuya cópula se hizo preñada, y por haber conspirado con mágicos y brujos en sus reuniones del sábado, para desordenar y arruinar todo el monasterio, y perder a las religiosas y a sus almas". Las monjitas pecadoras de Louviers, como las más de las monjas lujuriosas, merecen ser disculpadas, porque eran presa y juguetes de las malas artes del demonio. El diablo toma frecuentemente la figura y las facciones de un hombre respetado o querido, pero nada sospechoso. Michelet da como ejemplo a la religiosa de Quesnoy, Juana Pouthierre, mujer ya entrada en años (cuarenta y cinco) pero todavía muy sensible. En un arrebato erótico declara Juana sus amorosos ardores a su director espiritual. El confesor no la escucha: es un casto a toda prueba, o no le gustan las religiosas descaradas y jamonas. Esto no se ha esclarecido. Sólo se sabe que avergonzada sor Juana de haber descubierto en vano su censurable pasión, huye a Falempin, lugar distante algunas leguas de Quesnoy. El diablo, que es astuto, comprende la ventaja de su posición, y viendo a la monja *herida de las espinas de Venus*, toma astuta y sutilmente la figura del desdeñoso confesor ausente. Entra el lujurioso demonio en el convento, y tan bien supo engañar a la encandilada religiosa, que, por confesión de ella misma, la poseyó en pocas noches nada menos que cuatrocientas treinta y cuatro veces.

Como la cifra pareced exagerada a los que conozcan mal a las monjas y al demonio, se apresura Michelet a dar como garantizadores del cálculo a Masses, autor de la *Crónica del mundo* (1540) y a los cronistas de Hainant y Vinchat.

Nosotros lo creemos sin necesidad de pruebas. ¡Lástima no conocer el nombre del vigoroso demonio, al que quizá fuera útil dar el rendido homenaje, que muchos equivocados ofrecen al pervertido Belial!

***

Al asqueroso Belial y al cruento Belcebú hacía sus invocaciones fieras y sus inhumanos homenajes el ogro de la Edad Media, el pederasta satánico y homicida Gil de Raíz[43]. La emocionante vida de este sadistas diabólico ha sido ya divulgada por los relatos históricos, por la novela y por leyendas horripilantes, que no han podido, ni aun añadiendo acciones inverosímiles, hacer más trágica, de lo que fue en realidad, la breve y desconcertante existencia de este malvado, que de ferviente devoto se trueca un día en fervoroso y dañino adorador de Satán. Cuando ve llegar la muerte -menos infame y cruel de lo que a sus crímenes correspondía- un miedo supersticioso a las penas del Infierno le reconcilia con Dios. Este arrepentimiento, tardío y cobarde, que ya nada remediaba, lo exteriorizaba con alardes extremosos, descubridores de la infrenable tendencia, vana y morbosa, a la imponente teatralidad que mostró en todos sus actos. Pide y logra de sus jueces que se le lleve a la hoguera donde ha de morir quemado, formando parte él y sus cómplices de una aparatosa procesión, en la que el

---

[43] En sus conjuros diabólicos, solía invocar Gil de Raíz a otro demonio, Barón, del que no constan noticias sobre su jerarquía diabólica ni sus infernales mafias, en los tratados de demonología. Ni en la Satanología, de Schelling, ni en el Diccionario infernal, de Colín de Plancy, ni en la curiosa Pseudomonarchia Daemonum, de Wierio, se hace mención de este Barón, que debe de ser un demonio muy poderoso y malvado, cuando figuraba en primer término en todos los conjuros a los que pedía insistentemente Gil de Raíz ciencia y potencia para saciar sus criminales instintos.

pueblo y los clérigos van a suplicar a Dios el perdón de los culpables. Muere temblando y murmurando oraciones, y este pánico verboso es suficiente para que el odioso criminal se convierta en un instante en un cristiano ejemplar, de cuyos huesos hacen preciosas reliquias las mismas madres, viles y supersticiosas, que conocen las infamias y la muerte que el condenado ha hecho sufrir a sus hijos.

Gil de Raíz, y sus despreciables cómplices -Poiton y Henriet-, han confesado sus crímenes. Para conseguir la ayuda de las potencias infernales, el Mariscal demoniaco ha dado muerte a centenares de niños. Todas las víctimas han sido antes vergonzosamente mancilladas por el satánico pederasta. El astrólogo Prelati[44] ha aconsejado estos sacrificios humanos para obligar al demonio, que se mostraba insensible a las frecuentes ofrendas de tórtolas y palomas.

Huysmans ha condenado en su estilo inconfundible el cambio que se operó en el alma del Mariscal al hacerse demoniaco:

Prelati, Blanchet, todos los alquimistas y hechiceros que rodeaban al Mariscal manifestaron que, para atraerse a Satán, era preciso que Gil le cediese su alma y su vida o que cometiese crímenes.

Gil se negó a alienar su existencia y a abandonar su alma; pero pensaba sin horror en los asesinatos. Este hombre, tan bravo en los campos de batalla, tan valeroso cuando acompañó y defendió a Juana de Arco, temblaba ante el demonio, se asustaba al soñar con la vida eterna o cuando pensaba en Cristo. Y lo mismo les ocurría a sus cómplices. Para estar seguro de que no revelarían las abrumadoras torpezas que ocultaba el castillo, les hizo jurar el secreto sobre los Santos Evangelios, seguro de que ninguno de ellos

---

[44] Prelati se defendió en el proceso, con astucia que sirvió para salvarle la vida. Fue condenado a reclusión perpetua en un castillo, de donde le hizo evadirse el poderoso duque de Anjou, deseoso de tener a su servicio un maravilloso astrólogo.

infringiría el juramento, pues en la Edad Media ni el más impávido de los bandidos osaba asumir la irremisible fechoría de haber engañado a Dios.

Al mismo tiempo que aquellos alquimistas abandonaban sus impotentes hornillos, Gil se entregó a espantosas comilonas, y su carne, incendiada por las esencias desordenadas de las bebidas y de los manjares, entró en erupción tumultuosamente.

No había entonces mujeres en el castillo. Parece además que, en Tiffauges, Gil acabó por execrar al sexo contrario. Después de haber gozado toda clase de placeres con las ribaldas de los campamentos que siguen a los soldados y de haber disfrutado, con los Xaintrailles y los La Hire, a las prostitutas de la corte de Carlos VII, parece que le asaltó de pronto el desprecio por las formas femeninas. Semejante a los individuos cuyo ideal de concupiscencia se altera y desvía, el Mariscal llegó a disgustarse indudablemente de la delicadeza de la piel femenina y de ese olor especial de la mujer tan aborrecido por todos los sodomitas.

Y depravó a los niños del coro de su capilla. Había escogido fuera del país a estos pequeños servidores, "hermosos como ángeles" ellos fueron los únicos a quienes amó, los únicos a quienes pudo perdonar en sus transportes de asesino.

Pero no tardó en parecerle tibia esta mescolanza de poluciones infantiles. Una vez más iba a promulgarse la ley del satanismo, que exige que el elegido del mal descienda los espirales del pecado hasta el último peldaño. ¿No era preciso también que supurase el alma de Gil para que el Muy Bajo pudiera habitar a su gusto en este rojo tabernáculo constelado de pústulas?

Y las letanías de la lujuria antinatural se elevaron en el viento salado de los mataderos. La primera víctima de Gil fue un muchachito cuyo nombre se ignora. Le degolló, le cortó las manos, le arrancó el corazón, le sacó los ojos, y lo llevó todo a la habitación de Prelati. Ambos ofrecieron estos despojos, con dedicatorias apasionadas, al diablo, que se calló. Gil, exasperado, huyó. Prelati envolvió aquellos pobres restos en un lienzo, y temblando fue, por la noche, a inhumarlos en tierra santa, junto a una capilla dedicada a San Vicente.

La sangre de este niño, que Gil había conservado para escribir sus fórmulas de evocación y sus tratados mágicos, se extendió en horribles sementeras que fructificaron, y bien pronto pudo entrojar Gil de Raíz la más exorbitante cosecha de crímenes que se conoce.

De 1432 a 1440, es decir, durante los ocho años comprendidos entre la retirada del Mariscal y su muerte, los habitantes de Anjou, de Poitou, de Bretaña, erraron sollozando por los caminos. Todos los niños desaparecían. Los pastorzuelos eran raptados en los campos. Las niñas que salían de la escuela, los muchachos que iban a jugar a la pelota por las calles o a refocilarse a la entrada de los bosques, no volvían.

En el transcurso de una información que ordenó el duque de Bretaña, los escribas de Juan Touscheronde, comisario del duque en estas materias, hacen interminables listas de niños a quienes se llora...

Y las páginas de la información revelan centenares de nombres, narran el dolor de las madres que interrogaban a los transeúntes en los caminos, los lamentos de las familias en cuyas casas fueron raptados niños así que se separaban de ellas para labrar los campos y sembrar el cáñamo. Al fin de cada deposición se repiten las frases, lo mismo que *ritornellos* desolados: "se los ve quejarse dolorosamente", "Se oyen muchas lamentaciones". Allí donde se establecían las carnicerías de Gil, las mujeres lloraban.

Al principio, el pueblo, despavorido, habló de hadas maléficas, de genios malhechores que dispersaban su genitura; pero poco a poco le asaltaron sospechas horribles. En cuanto el Mariscal cambiaba de sitio, en cuanto iba de su fortaleza de Tiffauges al castillo de Champtocé y de allí al castillo de La Suze o a Nantes, dejaba detrás de su paso estelas de lágrimas. Si atravesaba una campiña, faltaban de ella niños al día siguiente. Estremecidos, comprobaron también los aldeanos que allí donde se mostraban Prelati, Roger de Bricqueville, Gil de Sille, todos los íntimos del Mariscal, desaparecían los muchachos. Por último, observaron con horror que rondaba por los alrededores una vieja, Perrina Martin, vestida de gris, con el rostro cubierto, como el de Gil de Sille, por una estameña negra. Se arrimaba a los niños, y era tan seductora su habla, era tan bondadoso su rostro cuando se alzaba el velo, que la seguían todos hasta las lindes de los bosques, en donde los cogían unos hombres enfardándolos en sacos. Y el pueblo, espantado, llamó a esta proveedora de carne, a esta ogresa, *la Meffraye*, dándole el nombre de un ave de rapiña.

Estos emisarios se repartían por todas las aldeas y villorrios, dedicados a la caza del niño a las órdenes del montero mayor, que era el señor de Bricqueville. No contento con estos batidores, Gil se instalaba en las ventanas del castillo, y cuando atraídos por la fama de sus larguezas, pedían limosna jóvenes mendigos, los escogía con la mirada, hacia subir a aquellos cuya fisonomía le había incitado al estupro, y los arrojaban en un pozo seco, hasta que, sintiéndose con apetito, el señor reclamaba su cena carnal.

¿Cuántos niños degolló después de desflorarlos? El mismo lo ignoraba, de tantas violaciones como había consumado y tantos asesinatos como había cometido. Los textos de aquel tiempo cuentan de setecientas a ochocientas víctimas; pero este número resulta insuficiente y parece inexacto. Fueron devastadas regiones enteras. El lugarejo de Tiffauges ya no tenía gente joven; La Suze carecía de pollada masculina. En Champtocé, todo el fondo de una torre estaba lleno de cadáveres. Un testigo citado en la información, Guillermo Haylairet, declaró también que "un llamado Du Jardín había oído decir que en dicho castillo se había encontrado una barrica repleta de niños muertos."

Hasta en nuestros días persisten las huellas de aquellos asesinatos. Hace dos años, en Tiffauges, un médico descubrió una mazmorra y extrajo de ella montones de cabezas y de huesos.

Lo cierto es que Gil confesó espantosos holocaustos y sus amigos los confirmaron con detalles horripilantes.

Al obscurecer, cuando ya sus sentidos eran fosforescentes, irritados por el jugo poderoso de las carnes de venado y abrasados por combustibles brebajes sembrados de especias, Gil y sus amigos se confinaban en una cámara retirada del castillo. Allí era adonde se llevaba a los mozalbetes encerrados en las bodegas. Se los desnudaba y se los amordazaba. El Mariscal los iba palpando y los forzaba, cortándolos luego lentamente con su daga, complaciéndose en desmembrarlos poco a poco. Otras veces, les hendía el pecho y bebía el último soplo de sus pulmones. También les abría el vientre y lo olfateaba, ensanchando con sus manos la herida para sentarse dentro de ella. Entonces, mientras se frotaba con el barro escapado de las entrañas tibias, volvía la cabeza y miraba por encima del hombro, a fin de contemplar las supremas convulsiones del rostro, los últimos espasmos. El mismo lo dijo: "Me producía más contento disfrutar con las torturas, con las lágrimas, con el espanto y con la sangre, que con cualquier otro placer".

Después se cansó de los placeres fecales. Un pasaje, todavía inédito, del proceso nos entera de que "el citado señor se calentaba con mozalbetes, y en ocasiones con muchachitas, con los cuales cohabitaba abriéndoles un agujero en el vientre, pues decía que así se tomaba más placer y menos trabajo que haciéndolo de modo natural". Después de lo cual les aserraba lentamente la garganta, los despedazaba, y el cadáver, las ropas interiores y los trajes eran arrojados en el brasero del hogar, atascado de leños y de hojas secas. Una parte de las cenizas se tiraba a las letrinas, otra parte se aventaba desde lo alto de un torreón y otra parte era arrojada a los fosos y a las cuevas.

No tardaron en agravarse sus furias. Hasta entonces había satisfecho en seres vivos o moribundos la rabia de sus sentidos; pero se cansó de mancillar carnes que palpitaban y se aficiono a los muertos.

Artista apasionado, besó con gritos de entusiasmo los miembros bien formados de sus víctimas. Establecía concursos de belleza sepulcral, y cuando una de aquellas cabezas cortadas obtenía el premio, la cogía él por los cabellos y besaba apasionadamente sus labios fríos.

EI vampirismo le satisfizo durante algunos meses. Derramó sus poluciones en niños muertos y aplacó la fiebre de sus deseos en el hielo ensangrentado de las rumbas. Incluso, un día que se había agotado su provisión de niños, llegó a desventrar a una mujer encinta y violar al feto. Después de estos excesos, caía, aniquilado, en horribles sopores, en pesados comas, semejantes a los letargos que agobiaban al sargento Bertrand a continuación de sus violaciones de sepulturas. Pero, aunque se pueda admitir que este sueño de plomo fuera una de las fases del estado todavía mal observado del vampirismo; aunque se pueda creer que Gil de Raíz fuese un aberrado del instinto genésico, un especialista en dolores y en asesinatos, hay que confesar que se distingue entre los más fastuosos criminales y entre los más delirantes sádicos por un detalle que parece extrahumano, de tan horrible como es.

No bastándole sus delicias aterradoras, sus fechorías monstruosas, las corroyó con una esencia de pecado rara, No se redujo ya su crueldad a ser la crueldad resuelta y sagaz de la fiera que juguetea con el cuerpo de su víctima. No fue solamente carnal su ferocidad, pues se agravó, tornándose espiritual, y quiso hacer sufrir al niño en su cuerpo y en su alma. Con una superchería de lomas satánica, estafó a la gratitud, engañó al afecto, robó el amor, con esto sobrepasó de golpe la infamia del hombre y entró de lleno en las últimas tinieblas del Mal

Imaginó lo siguiente:

Cuando llevaban a su cámara uno de aquellos desventurados niños, Bricqueville, Prelati y Sille le colgaban de un gancho fijo en el muro, y en el momento en que el niño estaba próximo a morir ahorcado, Gil ordenaba muy enfadado que lo bajasen, librándole de la cuerda. Entonces sentaba con precaución al pequeñuelo en sus rodillas, le reanimaba, le acariciaba, le mecía, secaba sus lágrimas y le decía, mostrándole a sus cómplices: "Esos hombres son malos; pero ya ves cómo me obedecen, No tengas miedo, que yo te salvo la vida y te devolveré a tu madre." Y en tanto que el niño, loco de alegría, le besaba y le amaba en aquel momento, él le hacía dulcemente una incisión por detrás en el cuello, le ponía "*lánguido*", según expresión suya, y cuando la cabeza del muchacho, un poco separada del tronco, saludaba hacia adelante entre olas de sangre, él cogía con brusquedad el cuerpo, le daba la vuelta y lo violaba, rugiendo.

Después de estos abominables juegos, pudo creer que el arte de la carnicería había exprimido entre sus manos la última serosidad, había segregado su último pus, y, en un momento de orgullo, dijo al grupo de sus parásitos: "¡No hay sobre el planeta nadie que ose hacer lo que yo!

Pero, aunque el "más allá", del Bien y el "allá lejos", del Amor son accesibles a ciertas almas, el "más allá", del Mal no se alcanza nunca. Harto de estupros y de asesinatos, el Mariscal no podía, sin embargo, llegar más lejos en este sentido. Por mucho que soplara en violaciones (únicas, en torturas más estudiadas y lentas, todo lo había hecho. Los límites de la imaginación humana tocaban a su fin. Hasta los había transpuesto diabólicamente, Jadeaba insaciable ante el vacío; podía comprobar el axioma con que los demonógrafos afirman que el Maligno engaña a todas las gentes que se dan o quieren entregarse a él.

No pudiendo descender más, quiso volver sobre sus pasos; pero entonces cayó el remordimiento sobre él, le agarró y le atenazó sin tregua.

Vivió noches expiadoras, asediado por fantasmas, aullando a la muerte como una bestia. Se le encontró corriendo por los lugares solitarios del castillo. Lloraba, se ponía de rodillas, juraba a Dios que haría penitencia, prometía crear fundaciones piadosas. Instituyó en Machecoul una colegiata en honor de los Santos Inocentes. Hablaba de encerrarse en un claustro, de ir a Jerusalén mendigando su pan.

Pero en este espíritu tornadizo y exaltado, las ideas se superponían, pasaban, se deslizaban unas sobre otras, y las que desaparecían dejaban aun su sombra sobre las que llegaban a continuación.

Bruscamente, sin dejar de llorar de angustia, se precipita en nuevos libertinajes, delira con tales rabias, que se abalanza sobre el niño que le llevan, le agujerea las pupilas, revuelve con sus dedos la leche sanguinolenta de los ojos y luego le golpea la cabeza con un bastón de espinos hasta que los sesos saltan del cráneo.

Y cuando brota la sangre y la pasta del cerebro le salpica, rechinan los dientes y ríe. Al igual de una bestia acorralada, huye a los bosques, mientras sus afiliados friegan el suelo y se desembarazan prudentemente del cadáver y de su ropa[45].

No callemos -por si en ello anda el demonio, que es tema de nuestro estudio-que la muerte del acobarda- do criminal dio lugar a una leyenda para explotar un milagro. Un carmelita hizo correr la patraña de que el Mariscal Gil de Raíz no fue ni tocado por el fuego. Las llamas le respetaron porque el precavido reo había tenido la precaución de ir al suplicio llevando bien atado a un brazo, un pedacito de la verdadera cruz en que murió Jesucristo. Esta reliquia maravillosa, decía el astuto fraile, se guarda actualmente en el convento del Carmen, donde ha hecho varios milagros. La burda conseja hizo su efecto. Durante un siglo fue muy reverenciada la reliquia, en el convento del carmelita mendaz. Acudían sobre todo con sus angustias y sus ofrendas las mujeres que estaban a punto de dar a luz. Las futuras madres solicitaban un buen parto por mediación del perverso que había inmolado centenares de inocentes criaturas. El pueblo, crédulo, vio, para provecho de

---

[45] J. K. Huysmans, *Allá lejos*, versión española de la "Editorial Prometeo", Valencia

94

los codiciosos carmelitas, un pecador arrepentido y glorioso en el pederasta infame y satánico. Posiblemente el desconocido y poderoso diablo Barón ayudó una vez mis a su constante devoto, el Mariscal Gil de Raíz, tomando con demoniaca falacia habito de carmelita. Sólo un espíritu malo pudo inventar la sacrílega leyenda.

El inquisidor de Lorena, Nicolás Remy, estudio cuidadosamente el problema de las brujas en sus cohabitaciones con el demonio, interrogándolas con todo detalle, y averiguó que casi siempre estos ayuntamientos diabólicos eran extremadamente dolorosos.

Contradicen estas manifestaciones las de otras brujas que guardan buenos recuerdos de sus cohabitaciones con íncubos. Isabel Gowdie, bruja escocesa, manifestó ante los jueces que la interrogaron: "Las mujeres jóvenes y lascivas gozan más con el diablo que con sus maridos. Es más vigoroso y más hábil que el hombre más lujurioso. ¡NO cabe comparación entre el hombre y un diablo!" El buen recuerdo que guarda Isabel de sus cohabitaciones diabólicas causa extrañeza cuando se lee la descripción que hizo a los jueces del íncubo que la cabalgaba: "Un hombre grande, negro, velludo; todo su cuerpo era frio, y cuando me poseía sentía dentro de mí su miembro yerto como si recibiera un chorro de agua de pozo. Tenía los pies de macho cabrío, y en ciertos momentos levantaba la cola para que otras brujas le besaran en la parte que dejaba al descubierto."

En los documentos que se conservan de los procesos por hechicería, abundan las declaraciones de mujeres que declaran que en sus ayuntamientos carnales con el demonio encontraban más tormento que placer. Una bruja muy lasciva declara que el diablo tenía un miembro largo, áspero y puntiagudo, con escamas que se levantaban al salir y le destrozaban la vagina[46].

---

[46] El juez Boquet, gran exterminador de hechiceros, dice en relación que hizo de su depuradora misión, que coincidían bs brujas al afirmar que el miembro copulador de Satán es frio, duro, suma- mente delgado y muy corto.

Estas manifestaciones de las desdichadas enfermas que se tenían por brujas están de completo acuerdo con las observaciones modernas sobre las alucinaciones eróticas de las histéricas. "Es muy raro -escribe Pitres- que las alucinaciones de las histéricas vayan acompañadas de gratas sensaciones voluptuosas. En muchos casos, la ilusión del coito llega a causar agudos dolores." Ellis da por probable que la representación que tenían las brujas del diablo y del coito se hallaba bajo la influencia de la copulación con animales.

La hipótesis adquiere mayor valor si se ha leído el largo estudio que al tratar del simbolismo erótico ha hecho Ellis de la grosera perversión denominada bestialidad. Extractaremos sus principales declaraciones: Las creencias y costumbres de los pueblos primitivos, así como su mitología y sus leyendas, nos presentan una comunidad del hombre con los animales totalmente extraña a cuanto conocemos los civilizados. Los hombres pueden convertirse en animales, y los animales en hombres; los animales y los hombres pueden comunicar entre si y vivir bajo un pie de igualdad; los animales pueden ser antepasados de tribus humanas: los ídolos sagrados son casi siempre animales. No puede haber vergüenza ni degradación en el concepto de relación sexual entre hombres y animales, porque en las concepciones primitivas los animales no son seres interiores separados del hombre por una enorme distancia. Son algo así como hombres disfrazados, y, desde algunos puntos de vista, poseen facultades que les hacen superiores a los hombres. Esto se reconoce en los juegos, fiestas y danzas religiosas, tan comunes en los pueblos primitivos, y en las cuales se ostentan disfraces de animales. Si los hombres admiran y emulan las

---

No coincide esta anatomía génito-diabólica con las afirmaciones de Lancre, quien asegura haber oído a las brujas que era el deshonesto miembro largo y sinuoso; una parte es de metal y otra de materia blanda.
Hay testimonios de brujas que declararon haber sido mancilladas por diablos muy lascivos, provistos de un órgano de dos cuerpos, que a un mismo tiempo actuaba en el conducto adecuado y el orificio próximo.

cualidades de los animales y se enorgullecen creyendo que descienden de ellos, no es sorprendente que en ocasiones no vean nada deprimente en la relación sexual con ellos[47].

Un resto significativo de las concepciones primitivas acerca del particular puede hallarse tal vez en los ritos religiosos con la cabra sagrada de Mendés, que describe Heródoto. Después de relatar cómo reverenciaban los mendesios a la cabra y más especialmente al macho cabrío, añade: Era universalmente notorio que en este país un macho cabrío tenía comunicación indecente y pública con una mujer.

El macho cabrío ha sido siempre una especie de símbolo de la lujuria. En los tiempos medias iba asociado al demonio, por ser una de las formas que este tomaba con mayor frecuencia. Buena prueba de la primitiva asociación religioso-sexual entre los humanos y los animales es que las brujas confesasen constantemente que habían tenido relaciones con el demonio en forma de animal, frecuentemente en forma de macho cabrío o de perro. Las figuras de seres humanos y de animales copulando, que aparecen esculpidas en los templos de la India, indican también el significado religioso que ofrece a veces este fenómeno.

En realidad, no hace falta salir de Europa, aun en los mementos de mayor cultura, para encontrar una sanción religiosa de la unión sexual entre seres humanos, o dioses en forma humana, y animales. Las leyendas de Lo y el Toro, de Leda y el Cisne son de las más conocidas de la mitología griega.

En la actualidad no es la bestialidad vicio tan raro como pudiera creerse, especialmente en el campo y en las aldeas incultas. Para el campesino, que exige muy poco de l a mujer, la diferencia entre un animal y un ser humano no es muy grande, desde este

---

[47] Un sistema de creencias que acepta la posibilidad de que un ser humano este latente en un animal favorece indudablemente la práctica de la bestialidad. En Madagascar había una bestialidad ritualada y ordenada, de carácter religioso.

punto de vista. "Mi mujer estaba muy lejos, decía al juez un campesino alemán, y por eso me uní con la cerda." Es ciertamente una explicación que, para un campesino, ignorante de los conceptos teológicos y jurídicos, debe ser a veces natural y suficiente.

Pero no es la sensibilidad dormida la causa única de la frecuencia de la bestialidad en los campesinos. Un factor de suma importancia es su constante familiaridad con los animales. El campesino vive con ellos, los cuida, aprende a conocer el carácter individual de cada uno, los entiende mucho mejor que entiende a los hombres y a las mujeres; son sus constantes compañeros, sus amigos. Sabe además los detalles todos de su vida sexual y es testigo del espectáculo, a veces imponente, de su copulación.

La significación que tiene el factor familiaridad la indica la gran frecuencia de la bestialidad en los pastores y cabreros, cuya ocupación exclusiva es cuidar de animales. La importancia del mismo factor la demuestra también el hecho de que las perversiones sexuales animales que se presentan en la civilización entre las mujeres tienen casi siempre por sujeto a un perro faldero. Generalmente en estos casos se le enseña al animal a proporcionar placer por medio del cunnilingus. En algunas casas, sin embargo, se da real y verdaderamente un contacto sexual entre el animal y la mujer.

Rosse cita varios casos[48] de bestialidad, en los que mujeres pertenecientes a distinguidas familias copulaban con perros y monos. El más notable, por tratarse de una soltera culta y rica, es el de una joven de Washington, que fue sorprendida cohabitando con un gran mastín inglés, el cual, en sus esfuerzos por soltarse, produjo tan graves lesiones a la mujer, que le ocasionaron la muerte en menos de media hora; tan grande fue la hemorragia. El doctor Kieman, de Chicago, da autoridad a las declaraciones de Rosse citando numerosos casos en que él ha tenido que intervenir, como

---

[48] Irving Rosse, *Sexual Hypochondriasis and Perversion of the Genetic Instinct. Virginia Medical Monthly.*

médico, para remediar desgarros y otras dolencias causados en los genitales de mujeres que tuvieron en un momento de excitación sexual el mal deseo de copular con perros, monos y aun con borricos.

Afirma Kieman que su experiencia profesional le autoriza a asegurar que la bestialidad es una perversión más extendida en las grandes poblaciones de lo que se cree.

Estas afirmaciones las apoya y glosa Havelock Ellis diciendo que los animales domésticos son, naturalmente, los que más frecuentemente se usan, y pocos han sido los exceptuados, en el caso de que alguno lo haya sido. La cerda es uno de los animales de los cuales se ha abusado con más frecuencia. De continuo se sabe de casas en los que figuran yeguas, vacas, cabras y ovejas aplacadoras de los deseos brutales de hombres lascivos; las mujeres muestran preferencia por los perros, pero no es raro que adiestren en prácticas vergonzosas a los gatos, a los lechones y a los conejos. Los chinos suelen practicar la bestialidad con las gallinas, los pavos y los gansos.

La actitud legal y social con respecto a la bestialidad ha reflejado, en parte, la frecuencia con que se ha practicado, y en parte el asco, mezclado con el horror místico y sacrílego que ha despertado. Durante siglos se procedió con rigor, indiscutiblemente excesivo, contra los convictos de este crimen, que se juzgaba inspirado por el demonio. El culpable y el animal de que se había servido perecían en la hoguera.

Es muy significativo que en los Penitenciales, que eran códigos penales, mitad seglares; mitad religiosos, usados antes del siglo XIII, cuando las penas se dejaban al arbitrio del confesor, se creyera necesario fijar periodos de penitencia para los obispos, sacerdotes y diáconos que cometían el diabólico pecado de bestialidad.

En el Penitencial de Egberto, que data de los siglos IX y X, leemos (V, 22): *Item Episcopus cum quadrupede fornicans VII annos, consuetudinem X, presbyters V, diaconus III, clerus II*. En el Penitencial de Teodoro, otro documento sajón de la misma Época, se imponen diez años de penitencia a los que fornican habitualmente con animales; En el *Penitenciale de Pseudo-Romanum*, anterior al siglo XI, se castiga la fornicación con una yegua cometida por un seglar, con un año de penitencia (exactamente la misma pena que se imponía por fornicar con una viuda o con una virgen).

La pena -cuya benignidad prueba la frecuencia del delito- se rebajaba a la mitad si el culpable era soltero o viudo. En el Penitencial de Burchard se hace distinción de penas según se haya cometido la bestialidad con vaca, yegua o borrica[49]. La pena más grande para los hombres es de cuarenta días a pan y agua seguidos de siete años de penitencia, que se aumentan hasta diez cuando el culpable era casado. En el mismo Penitencial se castiga con siete años de penitencia a las mujeres que tienen trato sexual con caballos.

Conocida la frecuencia y la extensión de la bestialidad, se explica bien que en las alucinaciones nocturnas de los histéricos (los desdichados enfermos perseguidos como brujos) se reciba en muchos casas la impresión de haber tenido ayuntamiento carnal con espíritus diabólicos que tomaban, en cada caso particular, la forma del animal preferido. Hasta cuando se presentaban los íncubos o los súcubos en forma humana, solían siempre sus víctimas descubrir en el diabólico gozador algún detalle bestial (patas de macho cabrío, orejas de asno, garras de fiera, etc., etc.).

En muchos casos la alucinación nocturna procuraba la satisfacción de un deseo muy vehemente y muy tenaz de las horas de vi-

---

[49] Entre las distintas causas que han fomentado y extendido la bestialidad en las aldeas, merece ser señalada, como especial, la patraña, muy acreditada entre campesinos ignorantes, de que la cohabitación con las yeguas y las burras era remedio eficaz de las enfermedades venéreas.

gilia. En otros casos, por el contrario, era la alucinación la atormentadora y repugnante realización de un hecho, o de un conato de hecho, constantemente temido.

Al primero de estos grupos pertenecen las alucinaciones de los que creían recibir, en sus deliquios de histéricas, las visitas de súcubos o de íncubos; al segundo grupo, las visiones lúbricas de los ascetas y de los santas, bien preparados por las preocupaciones enloquecedoras y por las ayunas y privaciones debilitantes, para ver en sueños a los espíritus tentadores en que continuamente pensaban, con un horror comprensible en quien creía al demonio pertinazmente ocupado en frustrar en un momento su dura vida de penitente.

Los más modernos estudios sobre la histeria han aclarado estos hechos, de explicación imposible en los tiempos en que se creyó que no había hombres histéricos, por ser general y firme la convicción de que la histeria procedía invariablemente de la matriz, "animal -dice Platón- que está dentro de las mujeres, deseoso de procrear hijos, y que al permanecer estéril más de lo debido se disgusta y enfada, y recorriendo en todas las direcciones el cuerpo, cierra los poros de la respiración y, al obstruirlos, los pone en graves aprietos, causando todo género de enfermedades."

El error fundamental de esta hipótesis, que atribuía a la matriz el origen y el asiento de la histeria, se mantuvo hasta el siglo XVII, en que el médico francés Carlos Lepois (Cárolus Piso) demostró que la enfermedad tan mal estudiada radicaba en el cerebro, que afectaba a todas las edades y se daba en los dos sexos. La doctrina de Lepois fue combatida por muchos, y en realidad puede decirse que hasta que, ya expirando el siglo XIX, se impuso la autoridad de Charcot, no quedó definitivamente destruida la hipótesis del origen visceral de la histeria.

Pero Charcot, como todos los innovadores, se excedió en su deseo de destruir las antiguas teorías. No sólo negó y probó que la histeria no procedía del útero, sino que quiso también que se admitiera como hecho averiguado y cierto que jamás tiene esta enfermedad una causa sexual.

Brener y Freud han puesto un particular empeño en probar las exageraciones de la escuela de Charcot.

"Ciertamente -escribe Brener- que las necesidades sexuales de los histéricos son tan individuales y tan diversas en intensidad como las de una persona sana; pero sufren a consecuencia de ellas, y en gran parte sufren precisamente por la lucha que sostienen para prescindir o dominar la sexualidad."

Mas terminante es todavía Freud cuando sostiene que "La sexualidad no es un mero *Deus exmachina* que interviene sólo una vez en el proceso histérico, sino que es la fuerza motora de cada síntoma aislado y de la manifestación de cada síntoma". Y todavía precisa e insiste más cuando asegura que "los fenómenos mórbidos constituyen la actividad sexual de la paciente... El verdadero acceso histérico puede considerarse como substituto de una satisfacción auto erótica, antes practicada y después abandonada, y, por analogía, puede ser considerado como un equivalente del coito."

Por lo que se refiere a las alucinaciones de carácter sexual de los histéricos -donde se puede encontrar una explicación juiciosa de las leyendas sobre íncubos y súcubos- conviene recordar cuanto se ha escrito modernamente sobre la tendencia de los fenómenos de excitación erótica del sueño a manifestarse con tal energía que penetra en la vida real y ejerce su influencia sobre la acción y la emoción consciente. Sante de Sanctis[50], que estudio los sueños de muchas clases de personas, hace observar el carácter sexual que tienen con frecuencia los sueños de las mujeres histéricas y la repercusión de estos sueños en la vida real al día siguiente. Pitres y Gilles de la Tourette, discípulos de Charcot, han deducido de

---

[50] Sante de Sanctis. lsogni e il sonno nell' isterismo e nella epilesia. Renna, 1897.

sus numerosas investigaciones acerca de la histeria que los sueños ejercen por regla general notable influencia en la vida real de los histéricos.

Ellis, que ha profundizado mucho en estos estudios, hace notar la gran diferencia que se advierte en las confidencias de las mujeres histéricas que acostumbran a tener sueños eróticos: unas declaran que estos sueños son para ellas desagradables, repugnantes y aun dolorosos; otras, en cambio, confiesan que experimentan sensaciones deliciosas. (Ya hemos dicho en este mismo capítulo que en los procesos de brujas que decían haber cohabitado con diablos, se hallan las mismas contradicciones.) "El hecho -escribe- de que los fenómenos de excitación sean con frecuencia dolorosos no es, en modo alguno, un fenómeno exclusivamente histérico, aun cuando aparezca exageradamente en condiciones histéricas. Es, probablemente, el resultado de un conflicto de conciencia entre un impulso meramente físico y la repugnancia emocional o intelectual del sujeto: una forma extrema del disgusto que todas las manifestaciones sexuales físicas tienden a inspirar a una persona que no se inclina a responder a ellas." Como ejemplo tipo cita, tomado de Moll, el caso de una Hermana de la Asociación americana de *nurses*, mujer perfectamente normal, excepto en cuanto a los resultados de la emoción sexual reprimida, y con tendencias morales muy poderosas. En esta mujer se manifestaba siempre la emoción sexual de modo imperioso, involuntario y desagradable. En una ocasión, siendo todavía niña, al dar la mano a un artista, a quien admiraba, sintió molesta excitación y humedad en los genitales; años después, al sentir el contacto casual de una de sus rodillas con la rodilla de un tío suyo, tuvo un orgasmo venéreo que le produjo disgusto, porque aborrecía a su tío; otra vez, siendo enfermera, al ver casualmente los órganos sexuales de un hombre, se excitó de tal modo, aunque sin placer, que se vio precisada a echarse en una cama en la habitación vecina, mientras tenía un orgasmo doloroso.

Como casos de histéricas que hayan placer en las alucinaciones y los sueños, cita Ellis el de una señora médica que le confesaba por escrito sus emociones al religioso americano T. L. Harris, fundador de la Hermandad "La Nueva Vida": "*Una mañana me desperté con una sensación extraña en la matriz que duró uno o dos días; era muy feliz, pero mi alegría estaba en la matriz y no en mi corazón.*" En otra carta, también publicada por Harris, otra señora le escribe: "...Por fin caí dormida, yaciendo de espaldas con las piernas y los brazos cruzados, posición en que casi siempre me hallo al despertar, cualquiera que sea la postura en que me duerma. Muy pronto me desperté de este sueño con una sensación deliciosa, palpitando cada fibra con exquisito ardor. Estaba echada sobre el lado izquierdo y estaba en los brazos de mi pareja. De no haberla visto, no podría dar a usted idea de la belleza de su carne ni del gozo con que la abrazaba y sentía. ¡Oh, que deleite!; ¡Su carne era luminosa, su mirada dominante y acariciadora a un mismo tiempo! ¡Imposible describir tanta belleza sin haberla visto! ¡Me abrazaba tan estrechamente…!

Estas manifestaciones entusiastas, prueba evidente de que un sueño sexual puede tener realidad tan grande que haga creer en una cópula verdadera, las encontramos frecuentemente en las declaraciones de las brujas, para las que era indudable que habían copulado con un diablo, cuyas caricias y formas precisaban sin omitir pormenores. Hersman[51] refiere varios casos muy notables, entre ellos el de una joven hospitalizada que presentó una denuncia contra un médico de su sala, al que acusó de subir todas las noches por la cañería del agua caliente para cohabitar con ella.

Piltre cuenta en sus *Leçon cliniques sur l'hystérie* (vol. II) el caso de una joven histérica de una de sus salas que al principio mostró simpatía y gratitud al practicante que la atendía, para cambiar luego su actitud hasta llegar a acusarle de que entraba de noche

---

[51] C. C. Hersman, Medico-legal. Aspects of Erotic Choric Insanities, Alienist and Neurologic.

por la ventana para cohabitar con ella tres o cuatro veces por la fuerza, hasta dejarla rendida.

Un caso muy interesante es el citado por Ellis, de una joven muy inteligente, pero extremadamente neurótica, que le hizo por escrito esta detallada confidencia:

"Durante ocho años luche para dominar mi apasionada naturaleza, y a punto estaba de lograrlo, cuando el otoño pasado me sucedió una cosa muy extraña. Una noche, estando en la cama, sentí una influencia tan poderosa que me pareció que conmigo estaba un hombre. Quede de momento anonadada de vergüenza y de temor. Recuerdo que me hallaba de espaldas, que fui feliz y que me maraville cuando se desvaneció el hechizo. La influencia, segura estaba de ella, procedía de un sacerdote, en quien confiaba y a quien admiraba más que a nadie en el mundo. Jamás había pensado en ganar su amor, porque le consideraba muy superior a mí. Pero era el, y he sentido su contacto y su influencia muchas veces, generalmente de noche, y algunas veces de día. Después de recibir su cariñosa visita, me quedo profundamente dormida y no despierto hasta bien entrado el día. Cuando despierto me encuentro animada y contenta. Me doy cuenta, con inefable alegría, de que soy amada en debida forma. Solo me entristezco cuando pienso si seré víctima de una perturbación nerviosa."

Esta engañadora sensación de realidad, frecuente en los sueños de las histéricas, se advierte con igual fuerza y con características casi idénticas en los embrujados, que aseguraban haber tenido torpes ayuntamientos con los diablos, y en los ascetas muy atormentados o celestialmente favorecidos por fantásticas visiones.

En un ingenioso ensayo acerca del misticismo cristiano hace referencia Leuba a los pasajes en que describe Santa Teresa -la "Santa Patrona de las Histéricas", la llama Breuer, con sincera convicción científica, que excluye la irreverencia- cómo un ángel bellísimo clavó en su corazón un dardo inflamado, el cual descendió hasta sus entrañas y la dejó ardiendo en divino amor. - ¿Qué diferencia fisiológica, pregunta Leuba, existe entre esta sensación voluptuosa y la gozada por la discípula de la Hermandad de la Nueva Vida? Santa Teresa habla de entrañas, y la mujer-doctora, dice matriz. La diferencia es pequeña. Y no se olvide que Santa Teresa confesaba que las sensaciones físicas desempeñaban papel importante en sus muy frecuentes éxtasis.

En *El Tesoro de los Lagos de Somiedo* refiere Roso de Luna esta antiquísima leyenda asturiana: "Erase el Padre Adulfo, un joven ermitaño que moraba en el estrecho tronco de un árbol y tenía fama de santo en el país, por sus austeridades. Cierta noche, en que regresaba de encender la himpara del próximo santuario, halló un mancebo ricamente vestido y una bellísima joven.

-Padre mío -le dijo el mancebo -, vos, que sois el amparo de los huérfanos, socorred a esta hermosa virgen, hermana mía, a quien os entrego para que le suministréis el bautismo y la instruyas en vuestra religión, pues yo parto para la guerra.

Y, dicho esto, montó en su caballo negro y, salvando precipicios, torrentes y peñascos, desapareció.

No hay que decir sino que el tal joven era Satanás en persona, y su fingida hermana una diablesa o súcubo, que aquel dejase al lado del Padre Adulfo para tentarle. Dios había permitido la tentación en castigo de la vanidad del ermitaño, que se tenía por fuerte contra las infernales asechanzas.

El Padre, al lado de la hermosa, olvido todas sus virtudes, pronto abandono su sayal y su ermita para irse con su manceba a un roquero castillo, donde entrambos siguieron más y más encenagados en el vicio, y, como fruto de tales amores de perdición, nació luego un perverso íncubo que llegó a ser un terrible guerrero contra la Cruz.

Cierta noche en que Adulfo tenía un banquete en su palacio, su hijo, que estaba privado por el vino, quiso asestar una estacada a un caballero a quien odiaba; pero, equivocándose, dio muerte a su propio padre. Un rayo cayó en aquel instante en el castillo, que se des- plomo sobre todos, llevándoselos al infierno."

El propio Roso de Luna, bien predispuesto, por sus ideas y sus estudios, a creer en lo maravilloso y fantástico, estuvo a punta, según propia confesión, de caer preso en las redes de una diablesa que él llama Xana y a la que otros, mis enterados, daban un nombre ofensivo, de igual valor ortográfico, por constar también de cuatro letras.

La escena de seducción se desarrolla en Asturias; en la histórica Avilés, región propicia para falacias de encantamiento y de brujería.

Daremos muy abreviado el relato, que ocupa en el interesante libro de Roso, no menos de quince páginas de gran formato. El espíritu diabólico se presenta, como en todas las leyendas de súcubos lujuriosos, personificado en una hermosa mujer.

Oigamos al propio Roso de Luna, hombre trabajado por la vida y temperamento frio nada propenso a la exaltación erótica: "A poco de haberme sentado (a la mesa del hotel), reparé en una mujer, solitaria también, y la que, no sólo no era,

Como el milagro de la tía Andrea,
que es de Avilés, y, sin embargo es fea,

que dijo el pícaro de don Ramón de Campoamor, sino que me pareció tan maravillosamente hermosa como ninguna de las hijas de Eva que tenía vistas en mi vida: una verdadera ondina, y digo poco, ante la que habrían palidecido los más perfectos tipos de belleza de un concurso, con su arrogante estatura, su cara de xana y su traje primoroso de seda *verde-hiedra*, de adornos negros, reflejos metálicos y crujiente *frou:frou*, que los franceses dicen. Apenas tuve tiempo, sin embargo, de admirar, como habría deseado, sus indescriptibles perfecciones, pues que ella, haciéndome un respetuoso saludo, de exquisito sabor oriental o morisco, en el que se evidenciase aún más a mis ojos su aíre principesco de odalisca, salió del comedor momentos después de yo haber en ella reparado."

Ruego al lector, que se fije en que la emoción era sincera, y aun se advierte en el relato, en el que la perturbación del espíritu se manifiesta en la perturbación del estilo, que adquiere una irrefrenada y disculpable tendencia a la incorrección gramatical. No se hace la observación con propósito de dómine, sino para que quede advertido que en la aventura se hace todo endemoniado, sin excluir ni el discurso, que acostumbra a ser correcto en este autor jocoserio[52].

Vuelve a hablar Roso de Luna: "-Es una señora bien rara -me dijo al oído el camarero-. Ha llegado no sé de dónde esta misma tarde, sola y arrogante como la veis. Aunque su tipo es bien astur, hay algo en ella y su porte que desconcierta al más pintado.

-¿Por qué decís eso?- interrogué, lleno de curiosidad.

-Porque, aunque se ha sentado en el comedor un momento, con gran sorpresa mía, y más aún de mi amo, no ha probado plato alguno... ¡Solamente un vaso de agua con azúcar! -dijo, espantado, el camarero, acostumbrado, sin duda, a los estragos de tantos otros comensales de buen apetito.

-Eso nada tiene de extraño, si bien se mira -observe-. Acaso había comido antes y...

---

[52] Cuando habla en serio del ocultismo es cuando nos parece más jocoso. Cuando describe y comenta sin propósitos trascendentales nos parece más ameno, mucho más culto y desde luego más serio.

-Bueno; pero es que llueve sobre mojado, porque, a pesar de toda su muchísima elegancia y su automóvil, trae por todo equipaje una cestilla de palma, tamaña como un libro grande de misa, y una sombrilla, y eso en una señora de estos tiempos que corren es una cosa increíble. Si no lo hubiese visto... Pared por medio de usted, tiene sus habitaciones -terminó el camarero, santiguándose-; yo no sé qué pensar de su nacionalidad: no es portuguesa, ni francesa, ni inglesa, ni alemana; yo conozco bien todos esos tipos. Además, no tiene un adorno inútil en su traje de seda, ni viene peinada a la moda, ni siquiera usa tacón alto, como las demás mujeres del día. Le aseguro que nunca más guapa la viese y que solo una verdadera xana de una fuente... ¡Dios me libre, amén!"

No necesitaba tanto el fascinado Rosa de Luna para pasar una buena parte de la noche intrigado, pensando en la misteriosa viajera, de cuya cámara se desprendía, para mayor inquietud del desvelado vecino, "Un perfume embriagador, de azahar o de nardo, más intenso aún que el que se observa en los naranjales de los cármenes sevillanos en las tibias noches de primavera, y sin que nada tuviera que ver con el aroma de los segados prados avilesinos."

Pero sus cuarenta años y su estado civil frenaban, según propia confesión, su mal deseo, y jamás se hubiera determinado a hablar a la misteriosa dama si ella no le hubiese facilitado el camino, brindándole sin rodeos -cosa propia de diablesas tentadoras- un asiento en su automóvil para ir de paseo a Grado.

Hacemos gracia al lector de los cumplidos y excusas cambiados entre la dama atrevida y el caballero sobre-cogido y asustadizo. Lo que aquí importa saber es que la diablesa y el teósofo parten en el automóvil y empieza la tentación (*honni soit qui mal y pense*) con estricta sujeción a las prácticas diabólicas.

Como de costumbre, la diablesa (ya fuera necio e inútil callar que era un temible súcubo) empieza por halagar los gustos y las creencias del pobre Rosa, a quien conoce como ocultista. Haciéndose la ignorante, ruega la fingida dama a su embelesado acompañante, que le aclare algunas dudas que le ha sugerido la lectura de un libro de que le hace entrega, y cuyo título es casi una prohibición para que lo solicite, de prisa y de viva voz, un tartamudo. Ahí va a la letra: *El Dosamantismo es la religión científica, en oposición al ocultismo semita, que es una liga de internacional anarquismo, o sea, la síntesis religioso-científica del Maestro Jesús Ceballos Dosamantes.*

A Rosa no le asusta el largo título y pide permiso a la diablesa para dar un vistazo a la lectura. Pero la dama, que desea ganar tiempo, sólo le deja leer la síntesis dosomantística, que es como sigue:

I. La evolución de la Materia increada, la cual es primordialmente éter.

II. Coexistiendo con ella estaba el Arquetipo Fundamental, el Ente Eterno, constituyendo un núcleo sexuado y polarizado con su Eternal Esposa, que es la Isis en la antigüedad egipcia, o en nuestros días el Espíritu...

III. La polaridad sexual es universal en el Átomo y en el Cosmos, completándose siempre consigo mismo, y constituyendo por ende la Suprema Unidad Psíquica Fundamental que nos hace dioses por la polarización que supone la conjunción contrapuesta del sexo y que...

Discurriendo a la ligera, puede parecer el lema poco adecuado para entablar, con propósito pecaminoso, un dialogo de amor, pero ya hemos dicho que el súcubo -al que seguía tomando el cándido Rosa por una mujer de carne y hueso y bellísima- estaba bien enterado de que era aquel buen pretexto para interesar al castísimo teósofo que ya empezaba a tentar (honni soit... por vez segunda). Modestamente se excusa Rosa de poder tratar tema tan trascendental, pues sólo sabe, por los libros de su (única maestra, la señora Blavatsky, que "la clave sexual es la más inferior de las siete del Misterio, y que como tal fue conocida por hebreos, egipcios y sufís, a diferencia de los Maestros arios de la Logia Blanca, que las conocen las siete".

La diablesa dice, insinuadora y picara, que ella sabe todos los misterios de la clave sexual, y anhelosa de probarlo, invita a su acompañante a tomar un refrigerio junto a una fuente umbrosa, discretamente alejada de la frecuentada carretera.

El breve transito del automóvil a la fuente merece ser transcrito por menudo, porque es la prueba de que la tentadora diablesa era ya dueña absoluta del espíritu y del cuerpo del inexperto teósofo. Oigámosle divagar con verbosidad ponderativa de enamorado:

"Sacó entonces del vehículo, la hermosa, una aérea cestita de palma, y con ella en una mano y una coquetona sombrilla en la otra, descendió de un salto gentil sin tocar la mano que le ofrecía, abrió la sombrilla, que a contra sol nimbaba en rojo complementario el blanco nacarado de su cara, el verde-hiedra y los negros adornos de su vestido, y con un paso menudito) que subrayaban las ondulaciones cadenciosas de su cuerpo de bayadera, al compás del crujir de su sedería, camino delante de mí, como un hada, hasta el pradecillo entoldado de junto a la fresca fuente. Aunque mujer, y más que mujer, en todas sus prendas inenarrables, parecía una xana, allí junto al cristal de la fuente rumorosa."

Siguen más ponderaciones liricas, y, para que no falte nada de lo acostumbrado en tales casos un buen pedazo de una bella poesía en bable, en que se pintan las perfecciones de una hermosa Magdalena, que quedaba pequeñita comparada con la misteriosa dama del vestido verde-hiedra.

"Aquel prodigio de mujer -vuelve a hablar Rosa- que tenía delante superando al retrato del poeta, en proporción de mil a uno, me despertó bien pronto de mi muda admiración sacando una torta extraña del canastillo, y, poniéndola sobre el tapiz florido, la partió con sus manitas de un modo misterioso, es a saber, al modo de como siempre se partió el bendito pan en las Asturias, pues lo cortó primero como un tercio en sentido de la cuerda del círculo, tercio que puso sobre la peña como en homenaje a los espíritus de la Naturaleza que nos rodeaba con sus encantos; después los otros dos tercios los partió perpendicularmente alargándome el uno y quedándose con el otro. Una división, en fin, algo al modo de la del sacerdote con la Hostia y que venía a ser así como la señal de la *tau* sobre la torta."

He copiado todo el párrafo, porque, como a su tiempo se verá, este pan tenia miga, quiero decir que no fue cosa de broma el liviano refrigerio.

Ya había para escamarse con el prodigioso efecto que le produjo al galán aquella torta riquísima, "que -escribe Roso de Luna- parecía amasada con gotas del propio *elixir de vida*, pues sentí al poco de comerla, una diafanidad gallarda en mi mente y un vigor desconocido en mi corazón, que irradiaba a lo largo de todo mi sistema nervioso, dándome una juventud jamás sentida, ni aun en mis años más floridos, sobre todo después que hubo echado no sé qué gotas verdes en un vaso con agua y dándome a beber después que ella hubo bebido".

A esta prueba de amorosa confianza sigue un comprometedor cambio de anillos, hecho a propuesta del súcubo, con gran contento del ya encandilado teósofo. Justo es decir que en el cambio, quedo aventajado Roso, quien dio un pequeño anillo de oro en forma de dragón, para recibir, "Un grueso anillo de oro, en el que brillaban muy juntitos como dos enamorados, una esmeralda y un rubí, cobijados por un gran diamante".

El negocio es evidente; pero no se ha de reprender la usura, porque, como ya hemos dicho, es la generosa dama la que exige el trueque diciendo para mejor obligarle la frase sacramental de las hadas:

-¡*Dame tu pobreza y toma mi riqueza*! ¿*Vaciláis, perverso*?", pregunta el súcubo, que, como todos los personajes de Roso, tiene la ridícula costumbre de usar del arcaico vos.

"¡Vacilar yo! -escribe Roso, que algo entiende de sortijas-. A vuestro lado no vacilaría ante la muerte misma", y ya desatado dije: "Señora, diosa o lo que seáis; ¡no sé si amaros como a mortal, o si veneraros cual celeste ninfa! ...Si hay xanas en las fuentes astures, vos lo sois de esta fuente, sin duda, y no sé ni quiero saber, si para desgracia o fortuna mía. ¡Hablad, pues!, decid cuanto gustéis, que todo en vuestros labios me sabrá a delicias."

Pero el súcubo tiene su plan bien trazado, y no fiándose mucho de aquel arrebato, que a ella le sabe a trasunto de viejos libros de caballería andante, insiste en su manifestado propósito de perorar largamente sobre la clave del sexo "porque sin tales aditamentos de convicción trascendente ella no podría amar; no ha amado a nadie, porque nadie le ha sabido aun resolver el dosamantístico enigma".

No era seguramente el pintoresco lugar, sitio adecuado para la erudita discusión que iba a empezar, y, a propuesta de la dama, volvieron al automóvil.

Lo que dijo la diablesa es demasiado erudito y excesivamente largo para copiarlo a la letra; dado en extracto perdería todo su valor de conferencia académica. Quien guste de estas lucubraciones tan doctas, dese el placer de leerlas en las tres compactas páginas (de la 337 a la 339) que emplea Roso para la puntual transcripción del endiablado discurso. Yo daré solo unas líneas, no tanto para justificar el salto que doy en la narración, como para ofrecer una muestra de cómo hablan los traviesos súcubos cuando desean enardecer a un teósofo. Copio al azar: "...la teoría dosamántica de *las almas gemelas*, que yo deduzco en todo el universo, mire donde mire, constituiría la apetecida clave. El *anfiaster* celular, sería lo que en la flor, el estambre y el pistilo; iones y electrones, metaloides y metales, álcalis y ácidos, hidrógenos y oxidrilos conjugables en la química..."

¡Para qué seguir! Lo que aquí importa saber, es que de pronto calló la dama, y, rendida por el prolongado esfuerzo, o recurriendo vulgarmente, a una gastada astucia femenina, se desmayó sobre el hombro del pobre Roso.

Ahora que llega la tentación a su periodo verdaderamente diabólico, hay que copiar in extenso:

"Yo no sabía ya, si soñaba o si vivía, pues emoción como aquella, persona alguna la ha sentido en este mundo. Ignoraba dónde estaba, ni lo que hacía, ni quién era yo. ¡Solo sabía que aquel perfume de azahar, de jardín, de nardo, de paraíso, me había enloquecido, y que el automóvil, loco ya, como yo también, parecía llevarnos a entrambos con velocidad infinita por una carretera de los cielos, sin rumba ni fin conocido, eterno cual el radar de un astro; dulce en su balanceo, como cantar de xana; feliz en su rumbo sin rumbo, cual la más prodigiosa ilusión de liberación y de armonía... y que al recibir en mis brazos aquel peso ingrávido que tenía el contraste del frio y el fuego, la luz y las tinieblas y todos los demás contrarios, me jugaba definitivamente, a aquella sola carta, todos, todos mis ulteriores destinos.

"Al fin paró el automóvil en su loco delirio de velocidad ultra física, a la par que anochecía, frente a un boscaje extraño, como de algas o lianas y rocas, no sabría yo decir si terrestres o acuáticos, alzando un palacio vistoso, contra la pendiente de una obscura montaña, todavía no alumbrada por el menguante de la luna. Palacio, sin duda, hermosísimo como su dueña; palacio transparente, a la par que opaco, paradoja que no sabe aclararte, lector, sino poniéndote por símil las cosas vistas en un cristal que por transparencia, a la par que por reflexión, sobrepone cosas reflejadas a cosas vistas a su través, con esa caótica extrañeza de los *clichés* fotográficos en los que se han sobrepuesto dos o tres panoramas sucesivos en diferentes exposiciones, y en los que resulta luego, al revelarlos, que aparece un río por lo alto de una montaña, o bien corriendo tranquilo por entre las humaredas de un incendio, sin que afecten, sin embargo, en nada recíprocamente el agua y el fuego. En suma, un palacio que era a un tiempo roca y no roca, edificio y no edificio, pero en el cual me vi extravagantemente instalado, por sirvientas no menos chocantes, aunque si menos bellas que su dueña, en una hermosa pieza que era un gabinete con columnas, y detrás un lecho suntuosísimo, como para el mejor de los príncipes de *Las Mil y una Noches*.

Por pronto que me quise hacer cargo de la escena, ya ellas, las sirvientas-ninfas, habían también introducido en el palacio a su dueña, a punto de recobrar el sentido, y de allí a poco, la más hermosa se me acercó para decirme que la señora había vuelto en sí de su desmayo, y que la enviaba para decirme de su parte que tuviese a bien permitido el tomar un descanso de dos horas, a lo sumo, para que luego la pudiera yo acompañar a cenar, y que aceptase, además, su sencilla hospitalidad por aquella noche, vista la hora y la distancia a que se hallaba el poblado vecino.

Yo respondí, como buen caballero andante dispuesto a llevar hasta el fin la aventura, que aceptaba reconocidísimo tamaños honores y que sólo aguardaba sus órdenes."

Aquellas dos horas de espera fueron la salvación del fascinado Rosa de Luna. En un hombre de cuarenta años dedicados a descifrar sin descanso los complicados enigmas del ocultismo, los arrebatos eróticos son de corta duración, El súcubo olvidó esto -cosa inexplicable en un diablo- y perdió en unos minutos su habilidosa labor de varias horas. El fastidio de la espera fue para Roso como una ducha a placadora de su lujuria. Y con las potencias apagadas, vuelto a su normal frigidez de ocultista y de estudioso, fue recordando con juicio mil cosas trascendentales que nunca debió olvidar. Tendido en una perezosa, sacó una pipa que le había dado un gnomo, de que habla en otro capítulo, y fumó con ansia *"un tabaco incomparable que de otro planeta parecía venido"*, El efecto fue asombroso:

"Mi mente, al punto adquirió pasmosa lucidez astral, pareja, y con eso está dicho todo, del amoroso ardimiento de mi corazón, y por vez primera sentí tremolar mi Espíritu sobre entre ambos rivales de corazón y cabeza, cual severo juez que va a fallar el más arduo de los pleitos. Yo, pues, chupaba…, chupaba mientras se destrozaba todo mi ser. Al acabarse el tabaco pareciome como que el ambiente se me oscurecía, y que caía fatalmente en los brazos de aquella mujer, de aquella xana, de aquella diosa que, en ellos, hasta ahogarme me apretaba. Más lejos veía a mi fiel esposa, llorosa y moribunda; a mi hijo abandonado, cayendo veloz por la pendiente del vicio que lleva hasta el hospital y hasta la cárcel, y a mi hija… no sé cómo..."(Si lo sabe, pero un pudor muy respetable en un padre, le obliga a cerrar los ojos y pone traba a su pluma.)

Por evitar menos riesgos, y de menor gravedad huyó el púdico José de la lúbrica mujer de Putifar.

Rosa de Luna da un grito de horror "que debió de conmover aquel encantado palacio hasta sus cimientos", y sin titubear salva de un salto una balaustrada, atraviesa un bellísimo jardín y corre como enloquecido sin atreverse a volver la cabeza.

La meta de aquella carrera, que duro más de una hora, fue la hospitalaria Grado, donde encontró el fugitivo una fonda acogedora.

A la luz del nuevo día quiere Rosa reconocer los lugares y el palacio donde han estado a punto de malograrse de mal modo y para siempre su honesta vida y el porvenir de los suyos. Trabajo y curiosidad inútiles: el misterioso palacio ya no existía.

Por causas que no tendrían explicación, a no tratarse de maleficios y diablurías, en el pradecillo donde se comió una parte de la afrodisiaca torta, encontró Rosa la pipa, a la que debía su salvación, y que, en el explicable azoramiento de la huida, dejó abandonada en el desvanecido palacio, con la misma indiferencia con que el bíblico José dejó la capa en la cámara de la desdeñada esposa de Putifar.

La desaparición del palacio y el hallazgo de la pipa salvadora en la fuente, acabaron de persuadir a Rosa de Luna de que la dama del vestido verde-hiedra era cuando menos una peligrosa ondina sílfide, que solo esperaba ya la salida del menguante de la luna para precipitar en la más segura de las perdiciones el cuerpo y el alma del confiado teósofo.

Necesitado de un consejo y un consuelo corrió el cuitado a buscar ambas medicinas a la casona de un su amigo, el teósofo Miranda.

Hizo al amigo consejero su confesión general. Las palabras de Miranda fueron juiciosas y graves:

"-Habéis ido demasiado lejos. No dudo que el feliz recuerdo de vuestros deberes, percibido bajo los efluvios narcóticos de la *cannabis índica o haschich*, que contenía por fortuna, sin duda el tabaco del gnomo, os haya sido inspirado por ellos, por nuestros augustos Protectores invisibles... Pero notad bien, sin embargo, que habéis cometido un sacrilegio, un enormísimo pecado ocultista, en el que también zozobrase, a las puertas mismas de la iniciación, multitud de hermanos nuestros: teósofos, espiritistas, mentalistas y artistas, en fin, de todo género, que a ellos precisamente, ¡ay!, a los que estuviesen ya a punto de caer en la terrible *octava esfera o ciudad del Dite*, se refiere aquella incomprendida inscripción de la iglesia templaril de junto al Eresma segoviano que reza: *A los Hermanos extraviados*, como a los mismos también se refiere esta otra sentencia ocultista que trae Blavatsky en *Isis sin Vela*, copiándola de los *Preceptos mágicos y filosóficos* de Psellus:

No desciendas, porque bajo la tierra hay un precipicio, al cual conducen *Siete peldaños* de sucesiva caída, y al pie de los cuales se alza pavoroso, el trono de la terrible fatalidad...

Estos misterios de la cábala son cosas demasiado serias y peligrosas para ser tratadas en burla. *Verbum sat sapienti*, y nada más cierto que el que la magia blanca difiere muy poco de la negra o hechicería, excepto en los efectos o resultados, consistiendo toda su disparidad en si la intención es buena o mala. Muchas, en efecto, de las reglas y condiciones preliminares para entrar en sociedades de adeptos, ya sean del *Sendero de la Derecha* o del *de la Izquierda*, son también idénticas en tales cosas. Por eso dice Gabalis al autor: "Los sabios jamás os admitirán en su sociedad si antes no renunciáis a toda relación sexual con las mujeres".

Esta es condición *sine qua non* para los ocultistas prácticos, ya sean rosacruces europeos o yogis asiáticos, pero lo es también, desgraciadamente, para los *duppas* y *Sadús* del Bután y de la India; para los *vadús* y *nagales* de Nueva Orleans y de Méjico, pues que todos estos últimos tienen la terrible cláusula adicional de que han de mantener relaciones sexuales con *djins, elementales, daimones*, o llámeseles como se quiera, íncubos o súcubos, es decir, varones o hembras, según el sexo. *Mostrum horrendum informe cui lumem ademptum...* ¿Sabéis, por ventura, lo que significa ese conversar juntos y amorosos que habéis tenido sobre *las almas gemelas*; ese cambio de anillos; ese beber en la misma *copa de la ilusión un falsificado licor Sousa*, y, sobre todo, ese comer juntos de la torta nefasta, en forma de *tau*, partida por las blancas manos de una supuesta ondina, ondina que no es sino una mujer real y efectiva, al estilo de las *Kundry* y las *Kalayoni* mágicas: una hechicera que os quería perder, en suma?"

A la respuesta negativa del aterrorizado Roso de Luna sigue esta tremenda declaración de Miranda:

"Pues, sencillamente, significa que os habéis desposado con ella, según la forma más primitiva del sacramento matrimonial, como podéis ver en el *Código del Manú*: la célebre *confarreacio* romana o comida en común de la torta, anterior a las otras formas vulgares de la *coemptio* o compra, y el *usus*... y que sois, por consecuencia, ante la ley, sino rompéis en seguida ese lazo, ¡el más perfecto de los bígamos!"

"¡Horror!", exclama Roso de Luna, y el lector comprenderá que es lo más sencillo y más honesto que pudo exclamar un buen casado, a quien se le dice a quemarropa que, por comer, desganado un pedacito de torta, y por complacer a una señora, ha cometido un feísimo delito, mucho más grave del que pretendió evitar, por amor a su familia, huyendo como un eunuco acosado del misterioso palacio, donde le brindó una buena suene, que no quiso aprovechar, un suntuosísimo lecho y una mujer hermosa y enardecida. Con muchos menos motivos, han delinquido muchos casados y se han deshecho muchos hogares.

No hay que decir que el horrorizado Luna se presta de buena gana a hacer cuanto su amigo le dice para romper el nefasto vinculo. Tiene que empezar por darle el rico anillo que le trocó la diablesa por su mediocre sortija. Justo es decir que dio la valiosa joya sin vacilación, y sin demostrar desconfianza ni escama, al ver que su amigo y consejero encerraba la sortija en un bargueño, con el visible propósito de guardarla y conservarla como cosa propia.

Cierto es también que el implacable Miranda continuaba su verborrea erudita, enumerando uno a uno todos los riesgos en que el pobre Rosa había estado.

"Sabed -decía- que a no ser por vuestra oportuna huida, momentos antes de aparecer en los cielos el menguante de la Luna, ya no os habría vuelto a ver en la vida... La salida de su menguante es el momento más terriblemente propicio para consumar las más nefastas operaciones hechiceras. Por ello fue el retraso de la cena de la pretendida xana, y, a cuyo final, vuestra muerte era segura en los brazos de la bella que habría arrastrado vuestra alma hacia desconocidos senderos de perdición..."

Lo que sigue, sobre ser muy lato, tiene un marcado sabor de catequesis teosófica, ajena a nuestro propósito. El señor Miranda cita con admirable memoria textos de difícil retención, porque, sobre ser abstrusos, están plagados de locuciones exóticas y de voces bárbaras, para venir a parar a la desoladora declaración de que muchas zalameras que tomamos por ondinas, por sílfides o por súcubos, no son sino miserables pelanduscas causantes de muchos males.

Esperamos que los lectores juiciosos no encontrarán excesivos el espacio y la atención que, a conciencia, he dedicado a la tentación diabólica del señor Roso de luna. En nuestros días no son frecuentes estas malas tentaciones, de que están llenas las vidas de los ascetas más santos.

Nada tan fácil como hallar bellos ejemplos de victorias conseguidas contra los astutos súcubos en las leyendas e historias de las ermitas de la Tebaida. En nuestro tiempo, de incredulidad y escepticismo, yo no conozco un autor digno de crédito -descartado el señor Roso- que afirme con seriedad que ha tenido que luchar para librarse de la asechanza de un súcubo. Ahí queda su narración, y yo confío que, en el peor de los casos, los que no la crean verosímil la encontrarán divertida. Posiblemente el ingenioso Roso de Luna no se propuso otra cosa que divertir con sus fantasías y sus sueños, para alejarnos un poco de la realidad que odiaba, según propia confesión.

La creencia en los diablos lujuriosos viene de antiguo. Algunos rabinos sostuvieron que Sammael, príncipe de los diablos, fue el demonio que sedujo a Eva y que copuló con ella antes que Adán. De esta cohabitación nacieron otros demonios que participaron de la naturaleza de sus progenitores.

Otros talmudistas afirmaron que quien cohabitó con el diablo fue Adán, y que este espíritu maligno, que ha de tenerse como el más antiguo pederasta, se llamaba Lilith. Otros talmudistas, más comprensivos o más crédulos, dan por seguro que ocurrieron ambas cosas. Según estos doctores, cuando la primera pareja fue echada del Paraíso, Adán se uniría a un súcubo y Eva a un íncubo, y esto debió durar hasta el año 130 de la Creación, época en que Dios los perdonó. Uniéronse entonces nuevamente Adán y Eva en legítimo matrimonio, y de esta normal unión, bendecida por el Eterno, nacieran Caín y Abel. La legitimidad de la descendencia y la bendición del Señor, no impidieron que se llevaran mal los dos hermanos, y que se inaugurara la vida del género humano con un feo fratricidio.

La condición de Caín, parece dar la razón a los que afirman que fue el producto de la cochina fornicación de Eva y un incubo.

Los griegos y los romanos de la decadencia admitieron la existencia de los diablos copuladores. Tito Livio cree de buena fe que Rómulo y Remo -los fundadores de Roma- habían sido engendrados por un demonio. El mismo padre le da al emperador Augusto. Dionisio de Alicarnaso y Plinio el Viejo lo aseguran de Servio Tulio; Plutarco y Quinto Curcio, lo afirman de Alejandro; Diógenes y San Jerónimo, de Platón; Suetonio da por Seguro que Escipión nació de una cópula diabólica.

San Clemente de Alejandría y Tertuliano creen con candidez de necios en la existencia de íncubos y de súcubos, que tienen frecuentes ayuntamientos carnales con los mortales.

Los Padres de la Iglesia han amparado su creencia en los demonios lascivos en estas palabras de San Agustín:

"Es opinión muy generalizada y confirmada por el testimonio directo o indirecto de personas dignas de fe que los Silvanos y Faunas, vulgarmente llamados íncubos, atormentan con frecuencia a las mujeres solicitando y consiguiendo copular con ellas. Hay también unos demonios a los que los galas llaman dusos, que se entregan con asiduidad a estas prácticas impuras. Esta todo esto atestiguado por autoridades tan numerosas y tan graves, que negarlo sería imprudencia." (*La Ciudad de Dios, lib. 15, c. 23.*)

Los ascetas de la Tebaida cuentan como su mayor tormento, la frecuencia con que eran tentados por el demonio, que parecía tener un particular empeño en que faltaran a su propósito de vivir en castidad. Algunos de los tentados, de menos ánimo o de más virilidad que el heroico San Antonio, sucumbieron en la tentación, perdiendo la santidad y la gloria a que estaban destinados.

En la Edad media se dio casi tanta fe como a los Evangelios, a la leyenda del encantador Merlín, del que se afirmaba y se creía que era el dañado producto del demonio y una monja, hija del emperador Carlomagno.

Al temido y esperado destructor que se llamó el Anticristo se le asignó como engendrador seguro del peor de los diablos.

En la Muerte y el Diablo se explica la vulgarización de la leyenda: "¿Cómo sustraerse a una creencia que venía apoyada por una tradición tan antigua y por tantas y tales autoridades? La pasión exagerada del amor, de ese amor encendido, extático, delirante, que predomina en la Edad media, de ese amor que engendra un ideal, las más de las veces ilusorio, en cada imaginación, ideal que produce una necesidad imperativa, irresistible, que llega a la alucinación, y que no doma la abstinencia ni el cilicio, sino que antes bien se convierte en una variante de la erotonomía, he aquí lo que evocó al íncubo y al súcubo bajo la apariencia de verdadera realidad en esta época. El amor en Dios, el amor casta, era un deber, y el amor en Dios conducía al amor mundano, y este era el diablo. El amor, teniendo su origen en la divinidad, descendía hasta el infierno. El camino estaba abierto al Maligno para subir al mundo. El íncubo engendro subjetivo del deseo de la mujer en la Edad media, reclusa o solitaria las más de las veces, es un enamorado loco ante el cual hay que ceder. No tiene nada de la fealdad satánica al presentarse; al contrario, es joven y apuesto, apasionado, persuasivo, flexible como un silfo que por todas partes se cuela impertinente como un *lutin* (duende), que se introduce hasta en el lecho y sorprende cuando no se espera. Es porfiado en extremo; ruega, prodiga caricias, lágrimas, ofrecimientos, y da unos besos tan ardientes, que casi siempre la que el asedia, acaba, llena de voluptuosidad, por rendirle el alma entre suspiros. El súcubo que con obstinación persigue siempre a los monjes, tampoco se les aparece bajo un aspecto horrible o repugnante. Su figura es la de una mujer hermosa. Unas veces se presenta como una altiva matrona de formas esplendidas, lujosamente ataviada, peinado el cabello, llena de joyas y pedrería; otras veces llega vestida de reina con un sequito inmenso, o comparece bajo la modesta forma de una doncella ruborizada. Sus dientes son blancos como el jazmín; sus brazos y sus piernas tienen unos contornos maravillosos; cuando aparece desnuda, diríase que es una estatua de alabastro que ha tornado vida. Para más seducción, mira con ternura o se ríe para mostrar los graciosos hoyuelos de sus mejillas; sus narices, al respirar, se mueven ligeramente a compás con los movimientos de elevación y depresión del seno; y avanza, se abraza a su presa, de la que se apodera un delirio de placer, un torbellino de ilusión en el cual se confunden en un grito de felicidad; y luego su faz adquiere el sudor de un agonizante, el aspecto de un cadáver, y …un momento después, nada; un humo que se escapa, una vaga sombra que se desvanece, cuando no se revela el demonio con toda su horrible fealdad."

Aquí precisa un inciso para advertir al lector que esta pintura realista, en que parece advertirse una delectación sospechosa, no la ha inventado -mucho menos la ha sentido- Gener para tentar diablescamente al lector. Se ha limitado a transcribir, extractadas, declaraciones de San Jerónimo, quien habla probablemente de placeres disfrutados y de desilusiones sufridas[53], Este santo conocía las dichas engañadoras y las amarguras ciertas de los combates librados entre los anhelos de la pecadora carne y el deseo infructuoso de lograr, con ayunos, oraciones y abstinencias, una inútil castidad.

«Nada pueden -continuamos la cita- contra íncubos y súcubos, exorcismos ni plegarias, imágenes benditas, ni reliquias de santos; la madera de la propia cruz de Jesucristo y los mismos sacramentos, son con frecuencia ineficaces para alejar los demonios.

---

[53] *Vitae patrum*, cap. XXVIII.
En la *Leyenda dorada* y en el *Flos Sanctorum* se hallan también confidencias de santos y penitentes, que consideran como su mejor virtud las repetidas victorias que consiguieron contra el demonio, quien se les brindaba con frecuencia en formas muy tentadoras.

Más bien se logra apartarlos con canela, pimienta de cubebas, raíz de aristoloquia, cardamomo, jengibre, coriófilos, cinamomo, macis, nuez moscada, calamita, benjuí, madera de aloes, josciasmo, nenúfar, mandrágora o belladona, administrados en sahumerios o al interior. Y esto se explica por unos diciendo que los íncubos, a causa de su naturaleza espiritual, se alimentan de vapores tenues, de aromas delicadas, de olores finos, y que todo lo que sea fuerte y despida hedor les daña, y de consiguiente les aleja; y para otros consiste en que estos diablos son de naturaleza húmeda, y que las citadas plantas les repelen por ser de naturaleza terrea."

No sigamos la transcripción sin advertir que cuantas absurdidades se han dicho de los diablos, con enojoso empaque serio y científico, ha sido recogido con ciega credulidad por el jesuita Martin del Rio, en cuyas turbias y mezcladas aguas han ido a beber sin mucho escrúpulo los más de los demonólogos. Pompeyo Gener declara con lealtad que ha acudido a la sospechosa fuente del crédulo religioso. Téngalo en cuenta el lector, para no dar a lo que vamos copiando otro valor que el de mero documento informativo. Nuestro modesto papel de compiladores, nos fuerza a recoger las distintas opiniones, de indiscutible importancia, aunque de diferente valor. Lo que Martin del Rio da como cierto y probado, hoy nos parece absurdo y grotesco, pero tiene, en cambio, indiscutible importancia conocer hasta qué punto puede cegar la torpe superstición a un hombre estudioso y culto. Nos importa sobre todo conocer los débiles fundamentos en que los admiradores y discípulos del crédulo jesuita fundaron todo un sistema de sañuda y equivocada justicia, que llevó a la hoguera y a las cárceles a millares de infelices que de buena fe se creyeron poseídos del demonio.

Cuando se ha leído, con asombro y con paciencia, cuanto del Rio afirma de la lascivia y la astucia de los diablos íncubos y súcubos, no causa tanta extrañeza leer los procesos de endemoniados perseguidos por la Inquisición, las necias declaraciones de histéricos y de locos, que aseguraban haber tenido ayuntamientos carnales con Satanás, quien según la conveniencia tomaba la forma, las cualidades y las energías físicas correspondientes a un mancebo seductor o a una mujer de irresistible belleza.

Y no es lo extraño que el insensato lascivo o la ninfómana torpe, diera precisos detalles de la fantasía deshonesta; lo triste y lo horripilante es comprobar la estúpida credulidad con que lo aceptaban todo los fieros inquisidores, que razonaban muy graves sus considerandos y sus fallos, para aplicar con un salvaje rigor penas severas, que eran frecuentemente la muerte con algún aditamento de refinado sadismo.

Ahora que esta advertido el lector, continuamos la copia.

"Mucho preocupó a los teólogos como el demonio de la lujuria podía revestir la forma humana. También al explicarlo dividiéronse los pareceres. Cuando un súcubo desea cohabitar con un hombre -se decía- toma cuerpo introduciéndose en un cadáver de mujer, y cuando un súcubo quiere cohabitar con una mujer, toma el semen de un individuo sano y robusto, al cual provoca una polución abundante durante el sueño. Después se introduce en el cadáver de un hombre y le da vida. Los hijos que nacen de tales uniones -se añadía- son altos, robustos, audaces, soberbios, de temperamento genial y de gran talento, pero de pésima condición. En contraposición a esto, opinaban otros, que por su propia virtud los diablos podían adquirir formas visibles y tangibles, y que estas podían ser formas humanas. Los diablos -decían, apoyándose en el libro de Enoch y en el Génesis- son ángeles que perdieron su excelencia por haberse enamorado y unido a las hijas de los hombres, luego pueden unirse hombres y diablos sin que estos últimos tomen un cuerpo prestado. Los ángeles -añadían- tienen la forma humana, y San Agustín afirma que los que se rebelaron, al caer, volviéronse corpóreos y espesos, por alejarse de Dios, del cual procedían. No faltan doctores que añaden que tienen los demonios el semen frio y que pueden engendrar y engendran por su virtud propia sin la intervención de hombre alguno. Otros lo niegan, pues dicen que siendo el diablo el introductor de la muerte en el mundo, los demonios no pueden procrear, porque es dar vida."

En esta grave cuestión han opinado con la extensión y la seriedad debida, Además del ya citado Martin del Rio, Sprenger, Guaccius y un centenar de famosos escolásticos. Chieza afirma en su *Historia del Perú*, que los hijos que hacen los diablos a las mujeres tienen rostro humano, pero que descubren siempre su mal origen por dos diminutos cuernecillos que traen constantemente en el nacimiento de la frente. Son estos, cuernos auténticos; tangibles y hasta visibles a simple vista; no imaginarios como los que la malicia popular ha atribuido a los maridos burlados. Hay que hacer la aclaración para evitar lamentables confusiones.

"En cuanto a la naturaleza de los diablos lujuriosos, asegurase que los hay aéreos e ígneos, acuáticos y terrestres. Los primeros son más tenues y más grandes; los segundos son de menores dimensiones. Ciertos doctores de la Iglesia aseguran que sólo pueden ser íncubos y súcubos los demonios acuáticos, por ser de naturaleza húmeda, pues lujuria y humedad son términos correspondientes, y se apoyan en que los poetas de la antigüedad, al hacer que naciese Venus del mar, quisieron indicar que la lascivia nace forzosamente de la humedad. Tan lujuriosos se consideran estos diablos, que se dice de ellos que acosan con frecuencia a los animales. Algunos son tan crueles que, después de haber gozado a un ser humano o a una bestia, le dan muerte. Hay quien afirma que son tan lúbricos los demonios, que practican la sodomía con los hechiceros. A tal punto llega esta creencia, que se proclamó que Satanás se une en los aquelarres con todas las mujeres que a él concurren, trocándose en brujas por la sola virtud de tal cópula."

En estas supuestas atrocidades se apoyó la Iglesia para perseguir el crimen de hechicería con más celo y más rigor que los de bestialidad, sodomía e incesto.

Capítulo V - Filtros de amor y maleficios de odio

Entre los innumerables maleficios que suelen hacer los brujos, hay una especialidad de singular importancia: el hechizo conseguido por los llamados filtros de amor.

Antiguamente se preparaban los filtros con un vino al que se añadían hierbas o drogas que se dejaban un cierto tiempo en maceración[54]. Se atribuía a los filtros la indiscutible virtud de inspirar a quien los bebía -hombre o mujer- un amor arrebatado por la persona que proporcionaba el diabólico brebaje.

La composición de los filtros de amor variaba hasta el infinito. He aquí una formula tomada del *Mekerboni*, de Pedro Mora:

"Para hacerse amar, se tomará un corazón de paloma, un hígado de ruiseñor, la matriz de una golondrina y un riñón de liebre. Se reducirá todo a polvo impalpable, y la persona que componga el filtro añadirá parte igual de su sangre seca y también pulverizada. Si se hace ingerir dos o tres veces la dosis de un dracma de este polvo a la persona que se quiere ver rendida de amor, se logrará luego un éxito maravilloso."

Otra fórmula muy apreciada consistía en mezclar y triturar la raíz de *emilae campanae*, cogida la víspera de San Juan, con flor de manzano y ámbar gris, añadiendo a la mezcla un trozo de papel en que se habrá escrito con la propia sangre la palabra *sheva*.

En la antigua Roma se hacía un constante uso de los filtros, que magos especializados en este arte preparaban, invocando a las divinidades infernales.

---

[54] Los efectos afrodisiacos del vino se conocen desde muy antiguo: Ovidio hace referencia a ellos en su famoso Arte de amar (lib. III); Clemente de Alejandría, alude a la influencia del vino como causa de lascivia y de precocidad sexual. Chancer pone en boca de la Wife of Bath unos versos en que se alude a la escasa defensa que oponen a las tentativas amorosas las mujeres embriagadas. "El alcohol -dice- viene en auxilio del hombre que es poco escrupuloso en sus esfuerzos para vencer a una mujer, no sólo por virtud de sus efectos afrodisiacos y por la influencia especial que ejerce sobre las mujeres, sino porque obscurece las características mentales y emocionales, que son guardianes de la personalidad."

Apuleyo, que logró el amor y la mano de Pudentilla, rica viuda de Cartago, se le acusó de haberse servido de filtros mágicos, en cuya composición entraban determinadas partes de ciertos pescados y mariscos.

Los parientes de la viuda depusieron ante el tribunal que juzgó a Apuleyo, que Pudentilla era víctima de un hechizo, pues sólo así podía haber olvidado que había cumplido sesenta años, y la castidad guardada en los quince años que llevaba de viudez. En todo este tiempo, afirmaban los parientes, se mantuvo en estado honesto, sin pensar nunca en casarse.

"¿Quién se atreve a afirmar honradamente –replica Apuleyo- que nunca pensó en casarse? La idea del matrimonio está constantemente fija en el corazón de las mujeres; mas extrañeza debe causar la larga viudez en que ha vivido que su matrimonio. Se me acusa de hechicero porque se sabe que he encargado a un pescador que me facilite varios pescados, cangrejos y ostras. Es absurda la sospecha. No iba a encargar el pescado que apetecía a un abogado, a un herrero, ni a un vendedor de pájaros. Soy joven, me he mostrado servicial y enamorado, y la experiencia de todos los días me prueba que un hombre no ha menester otros filtros que su juventud y su vigor para conquistar a una mujer. Se añade que la misma Pudentilla ha dicho que soy hechicero. Es posible; pero si se le hubiera ocurrido decir que soy cónsul, me declararían los jueces cónsul?"

El tribunal dio como buenas las razones de Apuleyo.

La base de los filtros más empleados en Roma, eran evidentemente una substancia afrodisíaca, como, por ejemplo, el polvo de cantárida. Se empleaban otras materias, tales como el pescado llamado rémora, ciertas partes de las ranas, la piedra astroita y sobre todo el hipómanes. Martín del Rio dice que se empleaba también para componer filtros de amor, semen de hombre[55], sangre menstrual, recortes o raspaduras de uñas, metales, reptiles, intestinos de pescados y de aves y hasta pedazos de ornamentos de los templos.

Pero como ya hemos dicho, el hipómanes era la substancia preferida para preparar filtros de gran eficacia. Es el hipómanes un pedazo de carne negra que tienen en la frente algunos potros recién nacidos. Seco triturado y mezclado con sangre del que esperaba utilizar el filtro, se daba a beber a la persona que se pretendía hechizar. Resultaba el filtro caro, porque no era fácil encontrar el hipómanes. También se llama hipómanes, y es verosímil que se empleara en los filtros amorosos, a un flujo de olor penetrante que se encuentra en abundancia en la vulva de las yeguas en celo[56].

Pero no siempre se hacían los sortilegios de amor sirviéndose de brebajes. En los siglos XVII y XVIII se hizo poco uso de los filtros propiamente dichos, tan en boga en la antigüedad y en la Edad media, para utilizar otros procedimientos de más fácil aplicación y que se juzgaron mis eficaces.

Un manuscrito existente en la Biblioteca del Arsenal, de Paris, intitulado *Operación de los siete espíritus de los Planetas*, contiene una subdivisión titulada *Secretos de Magia para hacerse amar*, en la que se recomiendan más de cincuenta fórmulas de las

---

[55] Es antiquísima la idea de que el semen es un gran afrodisiaco, por tener entre sus componentes diversas materias estimulantes. La observación está tan generalizada, que muchos pueblos salvajes administran podones de semen a los moribundos y a los individuos débiles de su tribu.
En los pueblos civilizados se ha conservado la antigua creencia de que la ingestión de semen humano o de testículos de animales aumenta la potencia genésica. En el penitencial de Burchard se impone siete años de penitencia a las mujeres que se tragan el semen de sus maridos para que estos las amen más.

[56] En *La Diana* o *Arte de la Caza*, hace Nicolás Fernández de Moratín la acusación terminante:
Las yeguas son furiosas, oprimidas
del fiero amor, que a nadie es más dañoso,
destilan de las ingles encendidas
el espeso hipómanes ponzoñoso,
que la madrastra en hierbas venenosas
con palabras mezcló supersticiosas.

que las más son deshonestas y no pocas criminales. Citaremos solamente tres, muy sencillas, y que no ofenden en demasía a nuestros gustos y a la delicadeza moderna:

"Para el amor -hombre o mujer-, se ha de simular que se le hace el horóscopo a la persona elegida. Con este pretexto, se le obliga a que os mire cara a cara, y a ser posible entre ambos ojos, y cuando estéis los dos en esta actitud, recitad estas palabras: *Kafe, Kasita non Kafela et publica Filii omnibus suis*. Dichas estas palabras, podéis ordenar a la persona, y es seguro que ejecutará cuanto le mandéis."

La segunda receta no es de tan fácil ejecución en ciertas épocas del año.

"Para el amor: frotar las propias manos con jugo de verbena y tocar luego con ella a la persona que se quiere rendir de amor...

Por desgracia no siempre se tiene a mano el jugo de verbena; cuan-do este falte, se consigue un resultado idéntico tocando con las propias manos las de la mujer apetecida, diciendo mentalmente estas palabras: *Bestarbesto corrumpit viscera ejus mulieris*.

Pero como no siempre es posible tocar las manos a la persona que ha de ser víctima del sortilegio, se han preocupado los magos de remediar la dificultad, ideando, entre otras muchas maneras, esta que se explica en la *Clavícula de Salomón*: "para forzar a los espíritus de Venus a obedecer", sirviéndose de un pentáculo formado por círculos y semicírculos, en los que se encierra una cruz con la siguiente divisa latina: *Hoc est enim os de ossibus meis et caro de carne mea, et erunt duo in carne mea*, tomada del capítulo segundo del libro primero del Pentateuco.

Cuando una dama de la Edad media quería reconquistar a toda costa -incluso de su pudor- el amor de un galán olvidadizo e ingrato, recurría a una hechicera para preparar con ella el filtro llamado pastel de amor. Desnudábase la dama, y libre el hermoso cuerpo de todo velo, tendíase de bruces, para que sobre sus propias nalgas pusiera la colaboradora diabólica una tabla y un hornillo, en el que lentamente, mientras la bruja musitaba largos conjuros, se iba cocinando el maléfico pastel, que se le enviaba luego al desdeñoso que era preciso reconquistar. Los ingredientes del filtro eran muy varios, pero forzosamente habían de entrar en él *sustancias íntimas* (sangre, sudor, y aun los flujos más sucios y repugnantes) que la enloquecida dama debía suministrar para ofrecer al amante una extraña comunión. Si el filtro no era personal no producía seguro efecto.

La inquisición de Madrid condenó a la pena de doscientos azotes en público, y a diez años de presidio a un cojo lascivo y perverso que se fingió hechicero para seducir mujeres jóvenes, incautas y crédulas. A las que se mostraban ambiciosas y coquetas las persuadía fácilmente el falso brujo de que lograrían ser amadas por los hombres que ellas quisieran si se sujetaban a su dirección y ejecutaban cuanto les dijese.

Dice el historiador Llorente, de quien tomamos las referencias, que cayeron en el lazo muchas mujeres, de las que algunas pertenecían a familias muy honorables y consideradas.

Obligaba el cojo a tomar en agua unos polvos que afirmaba ser de huesos molidos de la región genital de un ahorcado joven y robusto. Vendía estos polvos a caro precio, dando como razón que le había costado mucho dinero conseguir de los dependientes de la parroquia de San Ginés el permiso de desenterrar el muerto.

Para asegurar el efecto de los polvos, los debían llevar constantemente consigo las que los tomasen, un trocito de hueso y unos pelos, que decía el cojo, pertenecían también a las partes pudendas del ahorcado. El mechoncito era pequeño, porque la provisión era limitada y grande el número de las crédulas lascivas.

Para que el maleficio fuera eficaz, era preciso que, cuando la mujer quisiera rendir a su albedrio al hombre que pretendía, tomara en la mano y en la presencia de este, el hueso y los pelos y pronunciara ciertas fórmulas absurdas, sin ningún significado, que había aprendido el brujo de un moro sabio y encantador.

Era preciso algo más, lo peor, según Llorente, historiador a quien vamos a copiar literalmente: "que le habían de permitir al cojo, hacer con ellas cosas muy obscenas, diciendo las palabras más eficaces del hechizo, lo cual debía ser cuando menos tres veces antes que notasen ellas los efectos."

Importante hacer resaltar que esto ocurría en la capital de España en los postrimeros años del siglo XVIII, cuando ya se habían vulgarizado los libros en que el fecundo P. Feijóo reprendía las necias supersticiones del vulgo y descubría la falacia y los embustes de los pretendidos hechiceros.

Pero no sería razonable que, orgullosos, nos mofáramos de la ignorancia y la necia buena fe de aquellas mujeres supersticiosas, entre las cuales habrá que contar, tal vez (cabe la vergonzosa sospecha) a las respetables bisabuelas de algunos de los lectores traviesamente burlones.

No hay que mofarse, decimos, porque en nuestros mismos días y en las ciudades que tenemos por más cultas de España y del extranjero, ejercen los hechiceros, sin temor y sin recato, su infame oficio de embaucadores.

El impudor es tan grande, que nadie se escandaliza de ver anunciados en diarios y revistas los peligrosos servicios de brujos que vanamente quieren disfrazar su mal vivir dándose títulos dignos y remoquetes sonoros. Los pretendidos astrólogos, los quirománticos, los cartománticos, y cuantos dicen hacer horóscopos y vaticinios, son, sin ninguna excepción, bribones habilidosos, ni mejores ni más sabios, que el cojo de los hechizos impúdicos.

La suerte de los embaucadores de ahora es circunstancial e injusta, puesto que medran y se libran del presidio y de los azotes, no por más sabios, sino porque realizan sus daños y sus estafas en unos tiempos en que toleran los códigos muchos delitos que se castigaban antes con crueldad, que a veces era excesiva.

De la vasta y peligrosa ralea de embaucadores que ejercen las artes divinatorias, la especialidad más cultivada, por ser la más provechosa, es la cartomancia. Las echadoras de cartas han tenido en todos los tiempos clientela grande y crédula, formada particularmente por las mujeres muy inclinadas, por temperamento y par falta de instrucción, a todas las artes vanas, en que desempeña un gran papel lo sobrenatural y maravilloso.

Todos los contratiempos y los conflictos -y más especialmente los amorosos- quiere resolverlos bien y pronto la mujer, encomendándose a la Virgen o a los santos, si es muy devota, o recurriendo al auxilio de una echadora de cartas. No es caso raro, sino frecuente, que a un mismo tiempo recurra la confiada y safia supersticiosa en busca de su consuelo y remedio a una iglesia, donde hay Santos milagreros, y al gabinete, más o menos oculto y aparatoso, de una astuta cartomántica.

A la echadora de cartas acuden más confiadas hasta las devotas más ilusas, porque los santos no dan señales (sino en casos muy contados que se juzgan milagrosos) de que han oído la petición, deshonesta en muchos casos, de la apenada y rezadora mujer que solicita su auxilio. No les place a las mujeres este obstinado silencio de los desdeñosos mediadores, que jamás dicen si están o no satisfechos con nuestro culto de dulía, con las misas que les dedicamos, ni aun con las mismas limosnas que echamos en sus cepillos.

La cartomántica, en cambio, es mujer y negociante. Por ser mujer es charladora insaciable; de los mercaderes tiene todas las mafias aviesas, de las que juzgamos la capital, la amabilidad fingida y habilidosa, para ganar a la cliente y forzar su balsa.

El éxito perdurable y la prosperidad de las cartománticas tienen otra explicación, además de su verbosa solicitud y de su anhelo servil, tan distinto de la adustez silenciosa de los santos.

La echadora de cartas no se limita a leer el porvenir en los naipes. Cuando conviene, fuerza con sus varias artes el porvenir, y si es preciso lo crea. La cartomántica, digámoslo de una vez, es casi siempre, hechicera y alcahueta. Sabe formulas maléficas, prepara filtros de amor y no repara en intervenir, directamente -con el auxilio de su personal de trabajo y aun de su casa- en los casos muy difíciles, en que parece tardío o ineficaz el auxilio del demonio.

Tienen las echadoras de cartas viejo e ilustre abolengo, aunque algunas lo renieguen, por ignorantes o ingratas.

De todas ellas puede decirse, sin calumniarlas, lo que se sabe de su abuela Celestina:

"Genio del mal encarnado en una criatura baja y plebeya, pero inteligentísima y astuta, que muestra en una intriga vulgar tan redomada y sutil filatería, tanto caudal de experiencia moderna, tan perversa y ejecutiva y dominante voluntad, que parece nacida para corromper el mundo y arrastrarle encadenado y sumiso por la senda lubrica y tortuosa del placer"[57].

Pármeno, que conocía de niño a Celestina, dice de ella que tenía seis oficios, "conviene saber: labrandera, perfumera, maestra de facer afeites e de facer virgos, alcahueta y un poquito hechicera".

Detalla muy largamente Pármeno todas las mafias de la peligrosa vieja, que nosotros callaremos para no adiestrar malvados con la minuciosa explicación de cómo consiguió Celestina vender tres veces como doncella a una deshonesta pécora que tenía por criada. La misma mala comadre alardea con un orgullo diabólico ante Sempronio, diciendo cínica: "Pocas vírgenes, a Dios gracias, has tú visto en esta ciudad, que hayan abierto tienda a vender, de quien yo no haya sido corredora de su primer hilado."

Aun limitando el recuerdo a las mañas de hechicera de Celestina, es muy curiosa la copia de lo que refiere el bien enterado Fernando de Rojas de lo que hacían en otros siglos las precursoras de

---

[57] Marcelino Menéndez y Pelayo, *Orígenes de la novela*.

las actuales cartománticas, menos osadas, tal vez, pero no menos perversas[58]. Tanto lo que copiemos literalmente, como las apostillas que añadiremos, son pertinentes, y completan las noticias y la historia de este capítulo sobre los filtros de amor.

Dice Pármeno que "para remediar amores y para que se quieran bien", tenía Celestina "huesos de corazón de ciervo, lengua de víbora, cabezas de codornices, sesos de asno, tela de caballo, mantilla de niño, haba morisca, guija marina, soga de ahorcado, flor de yedra, espina de erizo, pie de tejón, granos de helecho, la piedra del nido del águila, e otras mil cosas."

El vulgo ignaro, y aun muchos que tienen algunas letras, atribuyen falsamente a estas y a otras muchas cosas virtudes maravillosas o propiedades medicinales.

Al llamado hueso de corazón de ciervo (nervio o membrana que se endurece con la edad del ciervo), se le atribuía, entre otras propiedades, que no tiene, la de evitar los malos partos y los abortos a la mujer que lo llevaba, como amuleto, atado al brazo. El hueso de corazón de ciervo, engarzado en un broche formado de un remache de un barco que se haya ido a pique se considera partes como un poderoso amuleto contra las mordeduras de víbora.

La supuesta virtud de las lenguas de víboras para hacer duradero el amor, y aun para hacerlo nacer, se deducía con lógica de necio supersticioso, de un hecho falso vulgarizado por la ignorancia. Se afirmaba que las víboras se ayuntan por las bocas, metiendo el macho la cabeza en boca de la hembra. Cuando acaba la copula, a prieta la hembra los dientes (por extrema delectación o por ven-

---

[58] De la Camacha de Mantilla, por hechicera por la Inquisición de Córdoba, dice su discípula la Cañizares, que hace figurar Cervantes en el Coloquio de los perros, con que da fin El casamiento engañoso, que "congelaba las nubes cuando quería, cubriendo con ellas la faz del Sol, y cuando se le antojaba volvía sereno el más turbado cielo; traía los hombres de lejanas tierras; remediaba maravillosamente las doncellas que habían tenido algún descuido en guardar su entereza; cubría a las viudas de modo que con honestidad fueran deshonestas; descasaba las casadas, y casaba las que ella quería."

ganza de lo que va a sufrir en la preñez) y corta la cabeza al macho, que queda sin vida. Los frutos de este trágico ayuntamiento, vengan la muerte del padre, desgarrando con sus propios dientes el seno en que se han desarrollado, y se labran la salida al propio tiempo que dan fin a la vida de la madre.

De estas patrañas sin fundamento debiera inferirse sensatamente -si se quiere inferir alga- que las bocas de las víboras no son propicias para inspirar amores gustosos y duraderos. Se ha inferido lo contrario para que en estas mentiras sea todo disparatado y absurdo.

Alguna más lógica hay, aunque no haya más verdad, al dar por cierto que las cabezas de codornices y los sesos de asno sirven para cazar amantes sumisos, constantes y dadivosos: los simples que reputan las mujeres como la flor y nata de los amantes.

Nació la superstición de la leyenda que afirma que las codornices son tan necias que, cuando ven a los cazadores, ocultan la cabeza en la arena y no huyen por creerse así libres de todo peligro. La estupidez de los asnos es proverbial. *La tela de caballo* debe de ser la grasa de este animal o sus redaños, que servían para unturas prodigiosas, así como la *mantilla de niño*, de que habla luego Pármeno. Como hace notar un anotador de *La Celestina*, esto equivalía a acusar a la bruja alcahueta de sacamantecas, especialidad criminal de la hechicería que aun hoy tiene temibles cultivadores.

La fama de las habas como eficaces afrodisiacos, viene de antiguo. Dioscórides dice que "las habas comidas engendran muchas ventosidades y restriñen el vientre, por lo que necesariamente irritan la sensualidad de la carne estimulando la lujuria". Añade que los pitagóricos se abstenían de comerlas, porque además de perturbar gravemente los cuerpos, alteraban de mala manera el ánimo. Dice Black, en su *Medicina popular*, que en Inglaterra cree el vulgo que se quitan las verrugas enterrando secretamente debajo de un fresno una cascara de haba, al propio tiempo que se repite dos o más veces esta sencilla fórmula mágica: "Cuando esta cascara se pudra, consumase mi verruga."

Julio Cejador declara en las minuciosas notas que puso a la Edición de *La Celestina*, de "La Lectura", que guija marina "debe de ser la piedra calamita o piedra imán" a la que atribuye el vulgo la propiedad de atraer las voluntades.

La soga del ahorcado tiene en las perversas artes de la hechicería una importancia capital y constante. Como de sus supuestas virtudes hemos hablado en diferentes capítulos, nos limitaremos a decir aquí que los supersticiosos y los embaucadores explicaban el poder de la *soga del ahorcado*, diciendo que la soga arrastra y atrae. Se suponía, Además que el ahorcado que abandonaba la vida por fuerza y sin consumirla, comunicaba a la saga su vigor y sus cualidades fisiológicas. El vivo que se servía de la soga, aprovechaba esta inestimable herencia.

La flor de yedra aseguraba la duración del amor, porque, como todos saben, es la hiedra una planta que nunca se seca ni jamás pierde su color verde. Secreta antiguamente que el zumo de hiedra perturbaba como el vino. El olor bastaba para excitar los sentidos y hacer perder la razón. Las espinas o púas de erizo las empleaban las hechiceras para herir, con más eficacia que con agujas, las figurillas de cera que se empleaban en los maleficios francamente criminales. Con la sangre del erizo, bien mezclada con aceite, se hacía un unto que utilizaban los hechiceros para curar por completo a los que quedaban impotentes (*ligados*) por maleficio.

Al pelo y a las patas de tejón se atribuía la virtud de librar del mal de ojo.

Del helecho se hace grande uso en la hechicería desde antiguo para preparar criminales bebedizos. Dice Laguna, en su traducción de Dioscórides, que los granos de helecho hembra, tornados en vino provocan el aborto y aseguran la esterilidad de las mujeres. Luego añade, a guisa de glosa aleccionadora, el traductor:

"No puedo disimular la vana superstición, abuso y grande maldad (no quiero decir herejía) de algunas vejezuelas endemoniadas, las cuales tienen ya persuadido a los populares que la víspera de San Juan, en punto a la media noche, florece y grana el helecho, y que si el hombre allí no, se halla en aquel momento, se cae su simiente y se pierde, la cual alaban para infinitas hechicerías. Yo digo, a Dios mi culpa, que para verla coger una vez, acompañe a cierta vieja, lapidaria y barbuda, tras la cual iban otros muchos mancebos y cinco o seis doncellas mal avisadas, de las cuales algunas volvieron dueñas a casa. Del resto no puedo testificar otra cosa sino que aquella madre reverenda y honrada, pasando por el helecho las manos, lo cual no nos era a nosotros licito, nos daba descaradamente a entender que cogía cierta simiente como aquella de la mostaza, la cual, a mi parecer, se había llevado ella misma en la balsa: dado que ya pudo ser que realmente se desgranase el helecho entonces, pues por todo el mes de junio y de julio están aquellos flecos en su fuerza y vigor. No se debe dar por ninguna vía ni la hembra ni el helecho macho a las hembras, por cuanto dada cualquiera de estas especies a las preñadas, las hace malparir luego y a las otras quita la potencia de jamás empreñarse."

A la piedra del águila (aetites) se le atribuían muchas virtudes. Afirman San Isidoro, Plinio y San Alberto Magno que facilita el parto y no permite abortar, si las embarazadas llevan esta piedra como amuleto; templa y aun quita el furor del delirio en quien lo padece. Dioscórides, traducido por Laguna, pondera también las excelencias de la piedra del águila, de la que dice que "suena en meneándose por estar como preñada de otra piedra que tiene dentro de sí. Atada al brazo siniestro, retiene el parto, cuando, por la gran lubricidad de la madre, hay peligro de malparir. Empero, cuando fuere llegada la hora del parto, desatándola del brazo, la atarás al muslo y ansi parirá la mujer sin dolor. Descubre también ladrones aquesta piedra: porque, si amasada en el pan se la diéramos a comer, nunca podrá tragar bocado el ladrón. Así mismo se dice que ningún ladrón podrá tragar alguna de aquellas cosas que con ella fueren cocidas."

Por Pármeno sabemos también que Celestina hacía, como acabada hechicera, los maleficios de las figuras y los corazones de cera, para rendir de amor, causar daño o dar la muerte a distancia.

La superstición de muchos hacía, y hace aun posible la explotación de la vana hechicería que no es exclusivamente, como dice Cicerón, pasión de vejezuelas bobas, porque con la mucha edad caduca su inteligencia.

La clientela más constante de las cartománticas y gentes de su jaez, la forman los enamorados, que suelen ser gente joven, y como no gustan los hechiceros de malvender su tiempo ni sus habilidades dañosas, son casi siempre las gentes de calidad y con alguna cultura las que acuden en demanda de sortilegios, filtros y ensalmos.

Acostumbrados los fieles de nuestra Iglesia a impetrar el auxilio de los poderes divinos con el barboteo maquinal de oraciones y latines ininteligibles para el vulgo, no encontró absurdo ni extraño que se buscase y lograra el auxilio de Satán con fórmulas estrambóticas y extravagantes, en las que se mezclan a capricho vocablos barbaros de diferentes idiomas. La abundancia de voces hebreas españolizadas y de latín macarrónico, da valor a la sospecha de que los moriscos, los judaizantes y los frailes se ocuparon con frecuencia en pergeñar extravagantes conjuros y estrambóticos en salmos.

Para los frailes no era difícil ni nuevo este trabajo de producir formulas vanas con pretensiones de milagreras. Todos conocían y explotaban oraciones taumatúrgicas, tan ineficaces y grotescas como los necios en salmos que ponderaban las brujas.

¿Qué es, sino un ridículo ensalmo, la cancioncilla ramplona y supersticiosa que la discreta Santa Teresa de Jesús, compuso en un mal momento de torpe credulidad, bien convencida, sin duda, de que los dislates y los ripios, canturreados por las monjitas, iban a adquirir de pronto el milagroso poder de exterminar a los incómodos piojos que infectaban el mal cuidado convento? La sucia plaga que originó la desidia de las rezadoras monjas, debió de resistir valientemente a la grotesca canción, menos eficaz, seguramente, que el agua hirviendo, insecticida tan barato como antiguo, que debía conocer la docta Santa Teresa.

Copiamos integra la cancioncilla, como curiosidad literaria y como muestra del estro-poético de la Santa:

Pues nos dais vestido nuevo,
Rey celestial,
Librad de la mala gente
Este sayal

SANTA TERESA

Hijas, pues tomáis la Cruz,
Tened valor,
Y a Jesús que es vuestra luz
Pedid favor:
Él os será defensor
En trance tal

CORO

Librad de la mala gente
Este sayal

SANTA TERESA

Inquieta este mal ganado
En la oración,
El ánimo mal fundado
En devoción,
Más en Dios el corazón
Tened igual

CORO

Librad de la mala gente
Este sayal

SANTA TERESA

Pues vinisteis a morir
No desmayéis,
Y de la gente incivil
No temeréis.
Remedio en Dios hallareis
En tanto mal

CORO

Librad de la mala gente
Este sayal
Pues nos dais vestido nuevo
Rey celestial,
Librad de la mala gente
Este sayal.

En el volumen de la Biblioteca de Autores Españoles, de donde copiamos la canción insecticida, se encuentra esta nota aclaratoria, de don Vicente de la Fuente, catedrático de Disciplina Eclesiástica en la Universidad de Madrid, ordenador de los escritos de Santa Teresa:

"Viéndose las religiosas de San José, de Ávila, muy molestadas por los insectos, que criaban en la grosera jerga que vestían, acordaron hacer una procesión para pedir al Señor las librara de aquella plaga, como lo consiguieron. Tomando una cruz, fueron adonde estaba Santa Teresa en oración, cantando el estribillo que habían compuesto, y Santa Teresa improvisó las tres estrofas.

•Se hallan estos versos en la Historia del Carmen reformado, tomo I, libro VI, cap. XXIII, y en otros varios escritores.

"Las religiosas consiguieron su objeto. El autor del Año Teresiano, en su manía contra las monjas sujetas al Ordinario, dice que estas no gozan de aquel privilegio. Las de la Imagen, de Alcalá, y las de Santa Teresa, de Madrid, me han asegurado que sí y las creo más que al padre fray Antonio, harto preocupado en aquella cuestión."

Se deduce de la nota que no fue milagro admirable y singular, sino hecho habitual y de privilegio matar los repugnantes insectos con malas coplas.

De momento conocemos las mafias de Celestina por las referencias de Pármeno; pero ahora será ella misma la que nos descubra sin rebozo sus más preciadas habilidades de bruja:

Da sus órdenes de dueña a su pupila Elida:

"Sube pronto al sobrado alto de la solana e baxa acá el bote del aceyte serpentino, que hallarás colgado del pedazo de la soga que traxe del campo la otra noche, cuando llovía e hazía escuro. E abre el arca de los lizos e hazia la mano derecha hallarás un papel escrito con sangre de morcielago, debajo de aquel ala de drago a que sacamos ayer las uñas. Mira no derrames el agua de mayo, que me traxeron a confecionar... Entra en la cámara de los unguentos e en la pelleja del gato negro, donde te mande meter los ojos de la loba le fallaras. E baxa la sangre del cabrón e unas poquitas de las barvas que tú le cortaste..."

El mandato de la vieja equivale a un inventario de los aparejos necesarios para ejercer con arte y provecho la hechicería.

El *aceite serpentino*, que es lo primero que pide la bruja alcahueta, se confeccionaba con ponzoña de víboras. Antiguamente era tenida la víbora por serpiente. Las hechiceras solían decir que en la confección de este aceite mágico entraba también sangre de basilisco, animal fabuloso al que se atribuía el temible poder de dar muerte a las personas y a las bestias con la vista.

Bien se adivina que la soga de que colgaba el bote del aceite serpentino era un pedazo de la prodigiosa soga del ahorcado, de tanto valor en la hechicería.

Procura Rojas acentuar la nota tenebrosa, que tan bien sienta en las prácticas siniestras de la magia negra, haciendo decir a Celestina que la soga del ahorcado la trajo del campo una noche obscura y lluviosa.

El valor que dan las hechiceras a la sangre de murciélago, se explica muy fácilmente, cuando se sabe que para el vulgo es este mamífero volador el mismo diablo, que espera la negra noche para hacer sus malas obras.

Para los supersticiosos, coger un murciélago y quemarlo o clavarlo en la pared por las alas, equivale a haber conjurado un terrible maleficio. En la India abundan unos murciélagos de gran tamaño (los vampiros calumniados en las leyendas) a los que se conjura con himnos y muchas prácticas, por ser conseja vulgar que son espíritus malos que dan la muerte chupando ansiosos la sangre de los hombres que aborrecen. Otras leyendas afirman que son los vampiros cadáveres de hombres malos y vengativos, que animados por Satanás vuelven a este mundo a minar la vida de seres vivientes (hombres o bestias, especialmente caballos) privándoles de la sangre o de algún órgano esencial, a fin de aumentar la propia vitalidad.

Los que creen estas patrañas, atribuyen a la sed de sangre, nunca saciada, de los vampiros la causa cierta de todas las enfermedades, mal conocidas, que ocasionan al paciente enflaquecimiento y debilidad progresivos. Para los ignorantes, nada más fácil que atribuir el encanijamiento, para ellos misterioso, a un vampiro, que si no es el mismo demonio, o el mal espíritu de un hechicero, es cuando menos una creación maléfica de Satanás, autor perverso de todas las casas malas.

El temor a los vampiros, que se ha de considerar universal, ha dado origen a muchas prácticas bárbaras, tendientes todas a evitar que pudieran volver al mundo, convertidos en el dañoso animal, los muertos que no habían llevado buena vida. En los países balcánicos se ha conservado hasta hace poco la costumbre de cortar en menudos pedazos, que se arrojan al fuego, a todos los que morían con fama, más o menos comprobada, de haber practicado la hechicería. Extremando la medrosa precaución, se llegó en algunos pueblos a desmembrar y quemar todos los cadáveres que no presentaban señales de descomposición a los dos días de sepultados.

En Bulgaria es un hechicero quien se encarga de exorcizar a los vampiros, obligándoles con conjuros adecuados a entrar en una botella llena de sangre, que después se arroja al fuego. En Dinamarca se atravesaba con una lanza el corazón de los suicidas, para impedir que recobraran la vida convertidos en chupadores vampiros. En Inglaterra se conservó hasta el siglo XVIII la costumbre de decapitar a los suicidas, enterrándoles con la cabeza entre las piernas, para evitar el posible riesgo de que fuera vampiro, después de muerto, un pecador que moría agravando su eterna condenación.

En muchos pueblos supersticiosos se creía que cuando un casado muy lujurioso moría en pecado, se convertía en vampiro, y buscaba por la noche a su viuda para tener con ella comercio carnal. Cuando no lograba por cualquier causa su deshonesto propósito, trataba con tenacidad diabólica de saciar su desbordante lascivia con una mujer cualquiera de la vecindad, y, a ser posible soltera. Muchos embarazos escandalosos de mujeres no casadas se han explicado, a satisfacción de todos, como la obra perversa e inevitable de un crapuloso vampiro.

No es tan temible el murciélago vulgar como el congénere monstruoso, tan calumniado por las leyendas, pero para que se le tenga como animal peligroso basta pensar que son muchos los que creen en una imposible competencia de creadores, entre Dios y Satanás; el primero dio su vida a la poética golondrina, y el demonio al repugnante murciélago. Los libros santos, que tanto han contribuido a crear y mantener las necias supersticiones, justifican la aversión con que los zaños manifiestan al inofensivo y utilísimo murciélago[59], al que Moisés incluye, por caprichosa ignorancia,

---

[59] El murciélago es inofensivo en invierno, porque duerme, y utilísimo en primavera y verano, porque como todos los animalívoros, destruye muchos insectos dañinos del campo. Hay una especie que produce en abundancia un guano excelente para uso agrícola.
El ser animal nocturno y su aspecto de ratón alado, ha dado origen a las leyendas difamadoras de este mamífero, tan mal conocido por el vulgo, que son muchos los ignorantes que tienen como pájaro. Es denigrante para los civilizados que sólo algunos pueblos salvajes -los caribes especialmente- hagan al murciélago la justicia de considerarle animal útil. Mas tampoco esta creencia está libre de superstición, pues los caribes consideran sacrílego matar a un murciélago. En la señera de Valencia figura un murciélago (rat penat) como remate de la crismera. Esta aparente distinción es también hija de una conseja supersticiosa, según la cual, cuando el rey

entre los animales impuros. Tan arbitrario e injusto es condenar al murciélago como ensalzar la candidez y las buenas cualidades de la mimada y enaltecida paloma, que es sin disputa -y sin culpa, naturalmente- un animal egoísta, pendenciero, glotón y lubrico como las más de las aves. No hay culpa, lo repetimos, en lo que se hace por indominable instinto, pero no hay razón tampoco para que se haya hecho de las gallinas el símbolo injuria dar y un feo mote de las mujeres lascivas, mientras las insaciables palomas, mas... malas que las gallinas y aun que las zorras, se han elegido como símbolo de paz, de bondad y de pureza.

Es graciosísimo, a fuerza de ser absurdo, que en el simbólico arte cristiano se haya utilizado a la coqueta paloma como razonable emblema de la fidelidad conyugal.

El primer artista ingenuo que descubrió este dislate emblemático, no tuvo, seguramente, el capricho y la paciencia, que a mí me han determinado, en horas de aburrimiento y reposo, a contemplar el bullicioso vivir de un palomar bien surtido de hembras y machos[60].

Así es como yo he aprendido que las palomas distribuyen bien el tiempo, en el incansable empeño de satisfacer sus dos enormes pasiones: su glotonería y su lascivia. Los muy contados instantes en que no comen o no practican sus precipitadas cópulas, los emplean, con gran arte, las hembras, coqueteando, para excitar a los machos, estos mostrando excitación y contento con sus arrullos o peleando con furia con otro macho, que solicita con suerte los co-

---

don Jaime I se ocupaba en la conquista de Valencia, se posó sobre su celada un murciélago, para advertirle que vigilase y guardara su persona de día y de noche. El Consejo de Ciento de Barcelona tomó también como divisa el murciélago.

[60] A mis observaciones empíricas sobre la Lubricidad exagerada, pero normal, de los palomos, se han de agregar las de los sabios y los criadores prácticos que aseguran que los palomos se muestran particularmente inclinados a las perversiones sexuales. Muccioli, Havelock Ellis y J. Bailly lo afirman rotundamente. Beleze añade en su Diccionario de la vida práctica que los palomos y las palomas se juntan con frecuencia, formando parejas anormales de machos con machos y hembras con hembras, y que estas últimas ponen huevos pequeños y claros, que testimonian que son sus ayuntamientos no sólo ciertos, sino fecundos.

queteos de la Mesalina incitadora, continuamente cubierta e insatisfecha. La frecuencia con que ponen estas prolijas aves, es buena prueba de que no se las calumnia cuando se las llama lúbricas. La infidelidad se prueba con el recuerdo de la facilidad con que se logran los cruces para obtener nuevas castas. La ferocidad de los lúbricos y celosos machos -no lo serian si las hembras se mostraran siempre fieles-la aprovechan los que entienden de apareamientos y de crías, para hacer la distinción, a veces dificultosa, de los machos y las hembras[61].

Se ha de creer, sin pedirnos juramenta, que no tenemos personales agravios que vengar de las palomas. Nuestra protesta contra la general injusticia de hacer odiosos o amados a los inocentes animales (que cumplen sin bueno ni mal propósito sus condiciones de vida), no es en este estudio extemporáneo ni improcedente. La hechicería ha aprovechado la injusticia con que la Iglesia declara diabólica a la serpiente, malo y temible el murciélago y divina la paloma. No es razonable ni inteligente la Iglesia haciendo de la paloma, ansiosa y lasciva, el símbolo del Espíritu Santo.

Mucha más sagacidad demostraron los griegos y los romanos, consagrando a la paloma como el ave favorita de la ardiente Venus[62].

Las hechiceras, torpes amalgamadoras de ritos y de leyendas, se sirven de las palomas para sus sortilegios de amor. Con la sangre de estas aves amorosas preparan filtros (ineficaces, pero no sucios como otros de que ya se habló con repugnancia), y cuando una mujer desdeñada por un galán quiere ganarle, o reconquistar su

---

[61] Un colombófilo práctico aconseja para hacer la distinción tomar un macho bien conocido y ponerlo entre dos individuos dudosos. Si uno es hembra y otro macho, este y el que se utiliza para prueba, pelearán en seguida, quedando quieta la hembra. Si la duda está en la hembra, póngase una hembra y se verá como el macho la arrulla, y si el otro individuo es macho, pelea con el que primero arrulló; si es hembra refunfuñara y a veces picoteará a la otra.

Esto prueba que los colombófilos inteligentes conocen bien la lasciva y la irritabilidad de los palomos, cosas que ignoran los que los declaran placidos, fieles y castos, y hacen de ellos emblemas equivocados e injustos.

[62] Los gitanos, que conservan muchas preocupaciones paganas, motejan con el remoquete de paloma a la ramera profesional.

amor, clava con furia una aguja o un puñal en el corazón de una paloma, al tiempo que la hechicera murmura una larga formula.

Pero volvamos a Celestina, de la cual en realidad no nos hemos alejado mucho, puesto que no hemos dejado las artes de brujería.

Dragones alados no han existido jamás. Se suele representar este animal fabuloso en figura de serpiente muy corpulenta, con pies y alas. Se le atribuía extraordinaria fiereza y una insaciable voracidad.

Pero si podían servirse los hechiceros para sus prácticas, de un reptil llamado dragón, muy parecido al lagarto, del que se distingue por tener a los lados del abdomen una especie de alas formadas por las expansiones de la piel. No vuela el dragón, pero sus alas le sirven para dar saltos, considerables con relación a su cuerpo.

El ala de dragón formaba casi siempre parte de los aparejos de las hechiceras. Rodrigo Reinosa los incluye entre las cosas indispensables:

> *"Cera de cirio pascual*
> *y trébol de cuatro hojas,*
> *el simiente de granojas*
> *el pie de gato negral,*
> *agua de fuente perenal*
> *con la sangre del cabrón*
> *y el ala del dragón,*
> *pergamino virginal..."*

El *agua de mayo*, a la que se atribuyen muchas propiedades buenas, se empleaba como filtro, bebida en vaso de yedra.

Se comprende fácilmente que la brujería considerara animal propio a su endemoniado arte al astuto lobo que hace sus daños especialmente de noche. De los ojos del lobo se hacía un particular aprecio, por tener, como se sabe, este animal, muy aguda la vista, principalmente de noche. Era superstición muy admitida entre los pastores, que si un lobo veía a un hombre antes que este viese al lobo, el hombre perdía el habla.

De la preponderancia del carbón o macho cabrío en la hechicería ya se ha hablado repetidas veces en diferentes capítulos. No podía faltar este lujurioso animal, el preferido por Satanás, y cuya forma tomaba frecuentemente, en el peligroso arsenal de Celestina.

Pertrechada convenientemente Celestina, se aplica a hacer el inevitable conjuro para pedir la ayuda infernal en la gestión que piensa hacer luego para seducir y perder a la casta Melibea por cuenta del enamorado Calisto.

Aquí encontramos a la bruja típica, que hechicera y alcahueta a un mismo tiempo, pide al diablo su torpe ayuda para que se logren sin tropiezo sus ruines planes. En realidad, confía más Celestina en su astucia y en su habla, que en el auxilio de Satanás, pero, como ignorante y supersticiosa, se asegura precavida, contrahaciendo a su manera diabólica el conocido refrán que aconseja que se pida a Dios, más sin desatender por ello, el personal y diligente cuidado.

He aquí el conjuro enrevesado y absurdo, como solían ser todas estas fórmulas diabólicas:

"Conjúrote, triste Plutón, señor de la profundidad infernal, emperador de la Corte dañada, capitán soberbio de los condenados ángeles, señor de los sulfúreos fuegos que los hirvientes étnicos montes manan, gobernador e veedor de los tormentos e atormentadores de las pecadoras animas, regidor de las tres furias Tesifone, Megera e Alecto, administrador de todas las cosas negras del reino de Estigia e Dite, con todas sus lagunas e sombra ininfernales e litigioso caos, mantenedor de las volantes harpías, con toda la otra compañía de espantables e pavorosas yedras; yo, Celestina, tu más conocida cliéntula, te conjuro por virtud e fuerza destas bermejas letras; por la sangre de aquella nocturna ave con que están escritas; por la gravedad de aquestos nombres e signos, que en este papel se contienen; por la áspera ponzoña de la víbora, de que este aceite fue hecho, con el cual unto este hilado[63]: vengas sin tardanza a obedecer mi voluntad e en ello te envuelvas e con ella estés sin un momento te partir, hasta que Melibea con aparejada oportunidad que halla, lo compre e con ello de tal manera quede enredada que, cuando, más lo mirare, tanto más su corazón se ablande a conceder mi petición e se le abras e lastimes de crudo e fuerte amor de Calisto, tanto que, despedida toda honestidad, se descubra a mi e me galardone mis pasos e mensaje. Y esto hecho, pide e demanda de mi a tu voluntad. Si no lo haces con presto movimiento, ternasme por capital enemiga; heriré con luz tus cárceles tristes e oscuras; acusare cruelmente tus continuas mentiras; apremiare con mis ásperas palabras tu horrible nombre. E otra e otra vez te conjuro. E así confiando en mi mucho poder, me parto para allá con mi hilado, donde creo te llevo ya envuelto."

En el conjuro puso muy poco de su cosecha el autor de *La Celestina*, quien, como ya ha sido notado, por varios comentadores, imitó la fórmula imprecativa que se lee en el *Laberinto de Juan de Mena*, quien, a su vez imitó un conjuro que pone Lucano en boca de un hechicero.

También Cervantes en su comedia La destrucción de Numancia imita en buena parte el conjuro de Lucano:

> "*¡Oh gran Plutón!, a quien por suerte dada*
> *le fue la habitación del reino oscuro*
> *y el mando en la infernal triste morada...*
> *así vivas en paz, cierto y seguro*

---

[63] Para tener un pretexto, licito y honesto, con que presentarse en casa de Melibea, sin dar mala sospecha a la madre, ni recelo a la doncella, toma Celestina un poco de hilado, que dirá quiere ven-der. En este caso el hilado habrá de ser agente eficaz del maleficio.

de que la hija de la sacra Ceres[64]
corresponde a tu amor con amor puro.
Que en todo aquello que en provecho vieres
venir del pueblo triste que te invoca
la allegues, cual se espera de quien eres..."

Hemos copiado toda la primera parte del conjuro, para que se vea luego hasta qué punto está en la versión de Cervantes acentuada la amenaza que hace Celestina a Plutón de ser su enemiga, sino atiende a su demanda. Esto era propio de la magia y la hechicería, de las cuales se supone tener poder sobre los dioses y los diablos, que quedaban encadenados al hechizo. No hay que extrañarse, que suelen también los católicos que acostumbran tomar los santos como agentes mediadores e interesados de sus peticiones al Señor, condicionar el cumplimiento de los votos y las dadivas, para hacerlas solamente cuando la súplica es atendida y los deseos se logran.

Los napolitanos que tienen en San Jenaro una gran fe, heredada y supersticiosa, acuden a su patrón en todos los contratiempos y calamidades públicas. Si alguna vez se descuida -cosa no extraña en los santos continuamente rogados- la devoción de los fieles se trueca en ira, y más de una vez ha acontecido que los insatisfechos napolitanos han llegado a vías de hecho apedreando la imagen. También las muchachas españolas muestran su voluble condición, y la inconsistencia de su piedad en su contradictoria conducta con San Antonio de Padua. Este santo, es, como todos sabemos, un excelente y propicio casamentero. A él recurren en desesperada instancia las feas que tardan mucho en casarse, y aun las bonitas que advierten en sus inquietudes fisiológicas necesidad urgentísima de pescar novio. Hay, pocos santos tan agasajados, requeridos y rogados como San Antonio. Aun siendo grande la compasión que le inspiran las doncellas que ansían dejar de serlo, no

---

[64] Proserpina, raptada por Platón, quien la toma por esposa, venciendo la resistencia de Ceres a tener por yerno al señor de la región infernal.

puede el santo de Padua, ni aun siendo muy milagroso, a tender cumplidamente al infinito cortejo de sus impacientes y pedigüeñas devotas.

Es seguro que a poder, él las casaría a todas -les daría cuando menos un *sucedáneo* de esposo o un novio entretenedor- porque conoce la irritabilidad de su clientela, en la que abundan las ninfómanas y las histéricas, que no atienden a razones, porque su molesto mal, no admite espera. Sabe muy bien san Antonio que cada rogadora desatendida ha de probarle su enojo imponiéndole un castigo. Lo más corriente es colocar durante un tiempo cabeza abajo la imagen que las solteras por fuerza tiene todas en su alcoba, y no muy lejos del lecho. Hay otras, más violentas, que siguen la condenable costumbre, corriente en Andalucía, de echar a un pozo la imagen que no ha sabido apiadarse de los fervorosos ruegos de la muchacha, cuyos afanes conoce por haber sido testigo noche tras noche de la inquietud angustiosa de sus deshonestos sueños.

En el sacrificio y el conjuro que hace un sacerdote en *La Numancia*, todos los agüeros son adversos. En el momento en que el sacrificador va a dar muerte al carnero la obligada victima aparece un demonio, quien arrebata la bestia, apaga el fuego sagrado y esparce por el suelo cuantos objetos se utilizaban para el sacrificio.

Los sacerdotes que esperaban salvar con su intervención a los sitiados y afligidos numantinos, se dan cuenta de que los dioses no se han enternecido con los lamentos del pueblo lloroso y apenado.

Juiciosamente dice uno de los sacerdotes:

"Antes creo que se han endurecido,
cual se puede inferir de las señales

tan fieras como aquí han acontecido."

Visto el fracaso de los sacerdotes se recurre -recurso corriente de los desesperados- a las tenebrosas artes del hechicero Marquino Sale -así lo ordena una acotación- "con una ropa negra de bocací ancha y una cabellera negra, y los pies descalzos, y en la cinta traerá, de modo que se le vean, tres redomillas llenas de agua: la una negra, la otra teñida con azafrán y la otra clara; y en una mano una lanza barnizada de negro, y en la otra un libro... (Seguramente un grimorio).

Marquino anuncia su propósito de resucitar un cadáver, después de asegurarse que no ha causado la muerte "herida, cáncer, ni llaga homicida..."

Si el cuerpo no estaba entero fracasaba el arte del hechicero.

Igual que han hecho los sacerdotes, empieza Marquina solicitando con buenas palabras el auxilio del soberano infernal:

> *"...Fiero Plutón que en la región oscura*
> *entre ministros de ánimas perversos*
> *te cupo de reinar suerte y ventura,*
> *haz, aunque sean de tu gusto adversos,*
> *cumplidos mis deseos, y en la dura*
> *ocasión que te invoca no te tardes*
> *ni a ser más oprimido de mi aguardes*
> *quiero que al cuerpo que aquí está enterrado*
> *vuelvas el alma que le daba vida*
> *aunque el fiero Carón del otro lado*
> *la tenga en la ribera denegrida,*
> *y aunque en las tres gargantas del airado*
> *Cerbero este penada y escondida,*
> *salga y torne a la luz del mundo nuestro*
> *que luego tornara al oscuro vuestro."*

Plutón no hace al hechicero más caso que el que se había hecho a los sacerdotes. Pero Marquino tiene menos paciencia y aguante que los sacerdotes, que para prevenir y explicar los desdenes de las potencias divinas, a nada se comprometen cuando tarifan y cobran sus peticiones. Ellos cobran siempre -y esto es justo- porque hacen su trabajo. En cuanto al éxito, solo los dioses conocen la conveniencia de atender o desdeñar las peticiones, no siempre justas ni razonables, de los pedigüeños hombres.

Marquino empieza por sorprenderse de que el muerto que él quiere resucitar, no de señales de vida. Poco a poco se va enojando, hasta que vista la inutilidad con que ha amenazado a los falsos ministros con poner en efecto los conjuros que ablandan sus pechos fieros y duros, grita resuelto e injuriador:

> *"Ea, pues, vil canalla, mentirosa,*
> *aparejaos a duro sentimiento,*
> *pues sabéis que mi voz es poderosa*
> *de doblaros la rabia y el tormento.*
> *dime traidor esposo de la esposa*
> *Que seis meses del año a su contento*
> *Esta sin ti, haciéndote cornudo.*
> *¿Por qué a mis peticiones estáis mudo?"*

Por lo que luego se ve Plutón es sensible a los insultos y no gusta que se le recuerden las sospechosas ausencias de Proserpina. Pudiera ser también -que no es esta ocasión de averiguarlo- que para tener todos los defectos y todas las taras, sufra también la perversión masoquista, caracterizada por el deseo morboso de hallar contento y placer en los ultrajes y los malos tratos.

Lo cierto es que a medida que el conjuro se va trocando en violenta diatriba, en la que restallan como violentos latigazos flageladores los insultos -aunque ninguno tan grave como el injurioso remoquete final de la estrofa ya copiada- se van cumpliendo los deseos tan irritadamente expresados por el brutal hechicero.

Verdad es -que aquí ha de decirse todo- que al propio tiempo que Marquino vomita injurias y truena amenazas, vierte una a una sobre el cadáver las aguas de sus redomas. Y todavía extrema los demoniacos recursos azotando con insensata saña al muerto.

El cadáver acaba por cobrar vida y hace el vaticinio que de él se espera. Después del trato que se le ha dado, no es extraño que no anuncie cosa buena. Lo primero que dice -y esto con gran convicción- es que se engaña Marquino como un necio si ha creído que vuelve el atormentado muerto con contento a "esta penosa, mísera y corta vida". En seguida pronostica el desastroso final de los numantinos, para que tuvieran los españoles de ahora hazañas gloriosas, aunque lejanas, en que apoyar la orgullosa petulancia con que hablan de unos abuelos, cuyo recuerdo nos causa más admiración que estimulo.

Todos los galimatías seudo paganos, imitados de Lucano, con lo ha dicho, sesudamente compuestos por Mena, Rojas y por Cervantes, tienen muy poco valor como documento histórico. A Cervantes, más que a otros -quizá por ser más ilustre y estar mejor estudiado- se le ha reprendido justamente, la propensión, muy del gusto de su época, de prestar con harta frecuencia a sus personajes su lenguaje de hombre culto y su peregrino ingenio.

El zafio y gracioso Sancho Panza discurre a veces con filosofía y con palabras, que falsean su carácter, admirablemente dibujado casi siempre, cuando se expresa con la sencillez que corresponde a su incultura, que no excluye la socarrona malicia de su condición villana. Con sus refranes y su gramática parda tenia Sancho ciencia y recursos sobrados para polemizar con ventaja con su alocado y muy leído señor.

La Cañizares del *Coloquio de Cipión y Berganza* se expresa siempre con facundia que no parece excesiva en una mujer, y vieja, por adehala; pero no hay tragaderas -ni aun siendo tan cervantistas como las de Rodríguez Marín- que pasen sin repugnancia que conociese aquella ignorante bruja las condiciones y las historias de

155

las Eritos, las Circes y las Medeas, y que, siendo analfabeta -es presumible en su condición, en su oficio y en su época-, parece tener leído el Asno de oro, de Apuleyo, del que nos habla haciendo oportuna y circunstanciada cita.

Más inadmisible, aunque mucho más gustosa, es la ingeniosa buenaventura en romance, que por un dedal de plata -corto estipendio, como ya lo advierte el texto- hace Preciosa en La Gitanilla:

> *El tolerante cervantófilo señor Rodríguez Marín, reciente- mente aludido, dice, esta vez, comprensivo y justa (verdad es que copia la caza), que en esta buena ventura hay muchas cosas en las que nadie podrá ver la inocente travesura de una muchacha como Preciosa, sino el sabroso, y raras veces picante, gracejo cervantino. El adjetivo picante reprende amorosamente la picaresca deducción que hace Preciosa del lunar que ve en la cara de la linda tenienta, a quien dice la buenaventura. Por esta misma picardía y por otras gracias, merece ser recordado el romance de Cervantes:*

> > *Hermosita, hermosita,*
> > *la de las manos de plata,*
> > *más te quiere tu marido*
> > *que el rey de las Alpujarras.*

> > *Eres paloma sin hiel;*
> > *pero a veces eres brava*
> > *como leona de Orán*
> > *o como tigre de Ocaña.*

> > *pero en un tras, en un tris,*
> > *el enojo se te pasa,*
> > *y quedas como alfeñique*
> > *o como cordera mansa.*

156

Rifles mucho y comes poco;
algo celosita andas,
que es juguetón el teniente
y quiere arrimar la vara.

Cuando la doncella, te quiso
uno de una buena cara.
que mal hayan los terceros
que los gustos desbaratan.

Si a dicha tú fueras monja,
hoy tu convento mandaras,
porque tienes de abadesa
más que de cuatrocientas rayas.

No te lo quiero decir...
pero poco importa; vaya
enviudarás y otra vez,
y otras dos, serás casada.

No llores, señora mía;
que no siempre las gitanas
decimos el Evangelio;
no llores, señora; acaba.

Como te mueras primero
que el señor teniente, basta
para remediar el daño
de la viudez que amenaza.

Has de heredar, y muy presto,
hacienda en mucha abundancia;
tendrás un hijo canónigo,
la iglesia no se señala.

De Toledo no es posible.
una hija rubia y blanca
tendrás, que si es religiosa,
también vendrá a ser pelada.

Si tu esposo no se muere
dentro de cuatro semanas,
verásle corregidor
de Burgos a Salamanca.

Un lunar tienes, ¡qué lindo!
¡ay Jesús, qué luna clara!
¡qué sol que allá en los antípodas!
escuros valles declara!

Más de dos ciegos por verte
dieran más de cuatro blancas..
¡agora si es la risica!
¡ay, qué bien haya esa gracia!

Guárdate de las caídas,
principalmente de espaldas;
que suelen ser peligrosas
en las principales damas.

Cosas hay más que decirle
si para el viernes me aguardas
las oirás, que son de gusto,
y algunas hay de desgracias.

San Agustín -uno de los más ilustres Padres de la Iglesia, el más ilustre, dicen algunos- nos habla de los demonios con la misma candorosa ingenuidad con que acostumbran hacerlo las necias viejas, beatas e ignaras, de las aldeas.

En la famosa *Ciudad de Dios* -calificada de obra maestra de la filosofía del cristianismo- hay más de treinta capítulos en que se habla del demonio. Todos son amenos y edificantes; pero ninguno lo es tanto como el capítulo VIII del libro XX en el que trata san Agustín de explicar a su manera -un tantito logomáquica- estas palabras proféticas del Apocalipsis: "Después de estos mil años se soltará al diablo por un breve tiempo". Le preocupa muy seriamente a san Agustín lo que ocurrirá en los tres años y seis meses en que andará suelto el demonio, con permiso del Señor, para ejercer sin limitaciones ni cortapisas su mal oficio de tentador de los justos. La preocupación del santo obispo de Hipona es razonable, porque piensa, con horror, ¿qué hará el demonio para perdernos cuando este suelto, que tenga mayor maldad que cuanto está haciendo ahora, en cautividad y con las facultades limitadas y disminuidas?

Estos atormentadores pensamientos, reverdecieron sin duda en el Agustín cristiano puro, las dudas que en los años en que creyó en el maniqueísmo le asaltaban de continuo sobre el origen de las luchas del bien y el mal[65].

Ahora, el Agustín creyente no podía ya dudar: la Iglesia le daba la solución del diablo y tenía que admitirla, porque era absurda, como el solía decir, dando por bueno el absurdo fundamento que Tertuliano daba a la fe, que no nos consiente razonar.

Santo Tomas de Aquino -pomposamente llamado "Maestro y Sol refulgente de la escuela dominicana y Ángel de todas las academias del orbe católico"- ha estudiado muy por menudo en la *Suma Teológica* -su obra maestra-, el origen, la forma, las cualidades, las intenciones, las jerarquías y hasta las virtudes de los demonios. Quien no cree en Satanás y en sus perversos satélites no es buen cristiano.

Tan en serio toma el doctor Angélico -"Príncipe de los Teólogos"- -en su suma-, "monumento imperecedero del ingenio humano" - la existencia y la maldad de los demonios, que una gran parte de la Cuestión LVIII, de muy difícil tratar por un religioso casto, está dedicada a probar que un maleficio puede ocasionar la impotencia temporal y aun perpetua de los esposos impidiendo el matrimonio.

---

[65] Toda la política, la doctrina práctica de la Iglesia, está ya fieramente condensada en la rotunda fórmula de Tertuliano: -El Mal es el pensar; el Bien la sumisión absoluta, ciega, a los poderes eclesiásticos." Este adusto doctor consideraba el saber obra del diablo. Lo inculto, lo primitivo, lo salvaje, procede de Dios, es lo bueno; la filosofía, la industria, el arte, el estudio, lo hace el diablo, es el mal. Este criterio prevaleció, después de muchas disputas, y como consecuencia se persiguió a los filósofos y se incendió la Biblioteca de Alejandría, a instigación de Teófilo.

A los que opinan que el maleficio no puede impedir el matrimonio, porque son los sortilegios obra del demonio, cuya acción es muy limitada, responde santo Tomas que esta opinión es contraria a la autoridad de los santos, que dicen que los demonios tienen potestad sobre los cuerpos y sobre la imaginación de los hombres, cuando Dios se lo permite.

Y para que nadie pueda dudar que esta "luminosa antorcha de la Iglesia", cree en la ligadura y en el mal de ojo como las viejas zafias y supersticiosas, añade santo Tomas en su larga replica a los que creen que los maleficios del diablo no pueden impedir el matrimonio, obra de Dios: "Esta opinión procede de infidelidad o incredulidad, puesto que no creen que existen los demonios sino en la imaginación del vulgo, y así, los terrores que el hombre forma en su pensamiento los atribuyen a los diablos, y cuando, por tener la imaginación vehemente, se realizan algunos de estos temores tales cuales se pensaron, se juzgan la consecuencia del maleficio. Estas cosas las rechaza la verdadera fe, por lo que creemos que los ángeles cayeron del Cielo y que existen los demonios, y que por lo sutil de su naturaleza pueden escuchar casas que nosotros no podemos, y que los que los inducen a hacer tales cosas, se llaman maléficos."

Insiste luego el "Príncipe de la escolástica", en que *per maleficia praestari potest impedimentum carnali copulae* (dicho en latín se le quita zafiedad a la afirmación), y en que Dios permite estos maleficios al diablo de una manera especial, por ser el acto de la potencia generativa la corrupción primera del pecado, por la que el hombre se hizo siervo del demonio". Y ya puesto a probar ciencia, añade el sabio doctor, que por los mismos motivos "en las serpientes se manifiesta más la virtud de los maleficios que en los otros animales, porque de ella se sirvió el diablo para tentar a la mujer".

Mas enterado parece el dominico Tomas de Aquino -esta experiencia no toca a la santidad- cuando nos dice que no siempre la falta de apetencia sexual por la propia esposa es obra de maleficio diabólico, ni demostración de verdadera importancia, puesto que hay inapetencias que se truecan en verdaderas hambres caninas si se ofrece la ocasión generalmente buscada, de comer fuera de casa.

Hay, con todo, en opinión de santo Tomas maleficios infernales que ocasionan ligaduras absolutas y perpetuas, para las que no hay remedio humano, y Dios les niega el divino, y aun el satánico "porque no siempre conviene que lo que ha sido hecho por maleficio se destruya con otro sortilegio, como lo declaran los mismos maléficos". Tan inútil como recurrir a los demonios para desligar algunos maleficios (ciertas impotencias graves dicen los médicos), es solicitar la omnipotente ayuda de Dios, por lo que infiere santo Tomas "que los exorcismos de la Iglesia no valen siempre para reprimir a los demonios ni remediar muchos males corporales que con permisión divina ocasionan". "Valen siempre -añade acreditando más su enorme fe que su ponderada ciencia- contra aquellas infestaciones de los demonios contra los que han sido principalmente instituidos".

> *El respeto a la verdad nos fuerza a decir que el fracaso de los exorcismos se explica, sin daño para la Iglesia, en muchos casos en que, per se el satanismo embustero y de farsa, no había modo de que los hisopazos y los conjuros pudieran echar del cuerpo de una pécora comedianta unos demonios inexistentes. Por su interés literario reproducimos, para entretener a los curiosos, uno de estos lastimeros casos en que se abusa de la buena fe y la mejor intención de un cura, ingenuamente obstinado en remediar con agua bendita a una falsa endemoniada. Tomamos el descarnado relato del saladísimo Libre de les dones, del Mestre Jaume Roig, de Valencia:*

Al mig jorn era
passat Bunyol,
e pos to Sol
fuy en Requena,
per bona strena
trobi gran festa
prou deshonesta.
No coneguda;
més avenguda
una sposada
ja desjlorada
ans de casar,
lo jorn d' arrar,
aparellada,
ben emperlada,
sabe fingir,
mostrant tenir
at cos diable
spaventable,
torcent la cara,
pres una vara,
móu tant de brega;
la gents' aplega

maravellats,
los peus lligats,
las mans tambe,
la gent neve
devés la sgleya:
alli si 'n feya
de fictions
é varions,
ab l' esposat.
Lo bon curat
vol-ta senyar,

de sus posar
aygua beneyta.
sur la maleyta
fuigint pintures
de diablures,
diu que no hi creu;
fent-li la creu
éll la conjura ella perjura,
de Deu renega,
ell si carrega
ab tot son seny,
pus fort la estreny,
diu: -ixca tost
per lloch dipost
no jent gens mal.
A la final
la resabida,
mudant veu, crida:
-No vull eixir
sen ben obrir,
o esquincar
ben eixamplar
aquell forat

qual te guardat
mes en son cos.
Cridd l' espós
ab alta veu:
-al plaer seu
per hon se vulla
puix tot s' aculla
rompa y esquixe,
puix no la veixe,
mes no 'l forcéu
ne 'l conjuréu,

prengaulo ixca;
sols ella vixca
no cur de pus.
Dient "Jesús".
fuigit s'estorta
móstras mig morta
com esmortida,
esbalaida
clama; -Del lloch
baix, dix, gran foch
cert me he deixat
tot escorchat.
Del foch salvatge
such de plantatge
crech lau guari;
Alxe cobrí
son falliment,
tothom content,
to novi més..."

La importancia histórica de este exorcismo -que no se si ha de considerarse extraordinario- aumenta cuando se sabe que el Magnifich Mestre Jaume Roig, lo describió, tan minuciosamente como se ha visto, el año 1531 en un libra en cuyo frontispicio se ofrecen consejos muy provechosos y saludables, tanto como régimen y orden de buen vivir como pera augmentar la devoctó a la puritat de la Concepció de al Sacrattssima Verge Maria.

Como caso típico y notable de maleficio de odio, podemos recordar el asesinato del rey de Francia Enrique III, víctima del fanatismo del fraile franciscano Jacobo Clement, sugestionado por el superior de su convento el P. Bourgoin. Se dijo a raíz del regicidio, que Bourgoin había dado un brebaje a Clement "*para hacerle sonar*" y que durante el sueño le había hecho oír una voz que le ordenaba matar al rey[66].

-Una noche, escribe Palma Cayet, estando Clement en el lecho, le envió Dios un ángel, que se le presentó rodeado de una intensa luz y mostrando una espada desnuda que esgrimía en una mano. El ángel habló así: Hermano Jacobo, soy un mensajero de Dios todo poderoso, que viene a decirte que eres el elegido para librar a Francia de su tirana) que ha de morir a tus manos. Obedece y recoge la corona del martirio que Dios te ha preparado. Dicho esto, desapareció el ángel...

Resuelto Clement a obedecer el mandato divino, solicitó y obtuvo una audiencia del monarca, con el pretexto de hacerle importantes revelaciones confidenciales. Ya en la presencia del rey le entregó un paquete de cartas apócrifas. Cuando Enrique III estaba absorto en la lectura, avanzó el fraile asesino, y le clavó con violencia un gran cuchillo en el vientre.

Un noble, llamado Montferrier dio en el acto muerte al asesino con su espada.

El rey, herido el día 1 de agosto de 1589, sucumbió el 5 del mismo mes a las tres de la madrugada.

El mismo día de la muerte del soberano fue descuartizado por cuatro caballos y quemado en la plaza de la iglesia de Saint Cloud, el cadáver de Clement.

Las sospechas de la sugestión aumentaron, cuando se vio al clero glorificar sin recato el acto del fraile asesino. Se osó hasta proponer que se colocara su estatua en la iglesia de Nuestra Señora.

Para presentar la acción de Clement como meritoria, se recordó que Enrique III, asesino, falaz, incestuoso e invertido sexual, no

---

[66] Se ha atribuido también la sugestión a la duquesa de Montpensier, la que se prostituyó a Clement, hombre inculto y libertino, para acabar de decidirle al regicidio.

mereció mejor muerte que la que le dio, por inspiración divina o por sugestión humana, un insensato, ignorante y grosero, al que fue muy fácil convencer de que le había Dios elegido para ejecutor de su justicia.

El asesinato de Enrique IV, sucesor de la víctima del fanático Clement, se atribuyó a la sugestión que el diablo ejerció sobre el regicida Ravaillac, Sétillot afirma formalmente[67] que en la noche del 14 de mayo de 1610 se le apareció en sueños a Ravaillac un diablo rojo que le incitó a dar muerte al rey, El mandato infernal fue ejecutado el mismo día, con tanta resolución, que después de haber herido dos veces al rey en el pecho, siguió sin moverse ante su víctima, no intentando ponerse a salvo, lo que hubiera sido fácil, aprovechando el desconcierto y la angustia de los que solo pensaron en prestar auxilio al moribundo.

No a sugestión demoniaca, sino al mismo Satanás atribuyeron la ignorancia del vulgacho y el fanatismo monárquico de los cortesanos, el atentado cometido por el extraño Damiens, en 1757, contra el rey de Francia Luis XV.

La consternación fue general; la condenación del regicida unánime, llegando a tales extremos el deseo de mostrar un amor servil y adulador, que hubo municipios -Amiens entre otros- que suplicaron que se les cambiara el nombre, con el pretexto de que recordaba demasiado el del infernal Damiens, el que hasta entonces habían tenido,

Pero ante todo explicaremos el hecho, que según las alarmantes palabras de un cortesano parece probar «que amenazaba a Europa una siniestra revolución».

---

[67] Sétillot, Le Folklore de France, t. IV.
Ravaillac tenía alucinaciones como Clement. Era lo que hoy llamamos un solitario, y aunque pretendía tener frecuentes visiones, no parece haber obedecido a sugestiones extrañas. Su propósito de matar al rey le obsesionaba desde hacía varios días. El cuchillo con que cometió el crimen lo robó seis días antes en una hostería donde pidió alojamiento, que no le pudieron dar, por estar todas las habitaciones ocupadas por forasteros que habían acudido a Paris a presenciar las fiestas de la coronación de la reina.

El boletín redactado por el duque de Gesvres estaba concebido en estos términos: "Cuando el rey se disponía a subir a la carroza para regresar al Trianón ha recibido en el costado derecho un golpe que de momento creyó que era solo un puñetazo. Se llevó la mano a la parte golpeada, y la retiró llena de sangre. El mismo rey ordenó que se detuviera al agresor, pero que no se le matara. Ha subido resueltamente la escalera de palacio, donde no había en aquel momento ningún cirujano; se le ha desnudado. Poco después ha llegado La Martiniere y ha examinado la herida que no le ha parecido pro- funda ni peligrosa. Se ha sangrado al rey y está tranquilo en este momento. El agresor está detenido."

El duque de Crocy que corrió con impaciencia al día siguiente a Versalles para informarse del estado del augusto herido, se tranquilizó al saber que la herida era insignificante. El médico de la favorita real, la señora de Pompadour, que visitó al rey varias veces en un periodo de pocas horas, dijo a la marquesa, que esperaba inquieta noticias del estado de su amante: "No hay nada que temer; si fuera otro, podría asistir sin inconveniente al baile."

Las noticias sobre el estado del soberano no tranquilizan a nadie. Se teme la muerte de Luis XV y se pide el pronto y duro castigo del agresor.

El más alarmado es el rey, quien pide con angustia un confesor, al que suplica medroso la absolución, con la condición y promesa de confesarse más ampliamente y mejor, si la herida, que el juzga grave, le da tiempo para hacerlo.

El rey y los que le asisten sospechan que la navaja de que se ha servido el regicida puede estar envenenada. Se da al herido un vomitivo, y se ensaya el arma sospechosa en su perro. Se comprueba que el asesino no se ha servido de ningún veneno.

El rey exige que se le confiese y pide la Extremaunción. En presencia de la reina y del Delfín, a los que asisten los cortesanos, hace el herido en alta voz penitencia general. Pide perdón a sus hijos, de los malos ejemplos que les ha dado, y a la reina de los

167

enojos que le ha causado. Deshecho en llanto, dice al Delfín que le ha llegado la hora de ocupar el trono y que confía que será más dichoso que ello ha sido.

Toda esta alarma parece ridícula cuando se lee en las piezas del proceso instruido contra Damiens el informe médico, en el que se afirma, que la herida era poco más de un arañazo.

La inquietud duró en Versalles y en todo Paris los cinco o seis días que tardó el herido en resolverse a dejar su cámara, para ir a visitar a la señora de Pompadour. Esta visita produjo una emoción intensa y grata en toda la capital. A la favorita fue preciso prepararla para la entrevista, dándole frecuentes tomas de agua de azahar en una copa de plata, "porque sus dientes castañeteaban de tal modo que hubiera roto con ellos una copa de cristal".[68]

Mientras el rey se restablecía de su arañazo, procedían jueces y verdugos contra Damiens al que ya se había atormentado inútilmente para obligarle a declarar los nombres de sus cómplices.

Cuando fue apresado se le condujo a una pieza subterránea del palacio, donde se le desnudó y se procedió a su interrogatorio. Viendo que no se le podía arrancar ninguna confesión se le aproximó a un hornillo bien encendido y se le aplicaron a los pies tenazas candentes. Parece probado que el mismo guarda-sellos había dado con sus manos este tormento preparatorio.

La crueldad de los magistrados fue inútil. Cada vez que se preguntaba al torturado por que había atentado contra la vida del rey, daba esta respuesta evasiva: "A causa de la religión". Y cuando los magistrados insistían para hacerle precisar las causas del regicidio, les replicaba sereno: "No diré mas aunque se me lleve al mismo infierno." Desde el primer interrogatorio, infructuoso como se ha visto, se entabla como un fiero pugilato entre el acusado que no quiere declarar, y sus jueces, decididos a forzarle a confesar las verdaderas causas del crimen.

---

[68] Memorias de Madame du Hausset.

En la lucha desigual los jueces se muestran implacables y crueles; Damiens muestra hasta el último momento, tanta presencia de ánimo y resistencia tan anormal al dolor físico, que no es extraño que todos dieran por cierto -a falta de mejor explicación, que aún no les daba la ciencia- que el regicida era el mismo Satanás que se vengaba de Dios en la persona del rey.

Solo este error, que la ignorancia y el fanatismo disculpan, puede explicar el aparato empleado para la aplicación de un castigo que no guarda relación con el crimen cometido.

Tomando infinitas precauciones, fue trasladado Damiens de Versalles a Paris, dando un gran rodeo por Meudón, y con una escolta de ochocientos hombres. Se le encerró en una celda de la Conciergerie, en la que se habían tornado medidas bien estudiadas para impedir que el criminal intentara suicidarse. (En el calabozo de Versalles había intentado adelantar la muerte que presentía cercana retorciéndose los genitales. Con crueldad refinada, se le colocó en un duro lecho en el que quedaba tendido boca arriba sólidamente sujeto por una serie de amplias correas y recias anillas de hierro.) Se recordará que en el primer interrogatorio se había torturado al regicida, quemándole las piernas; las quemaduras tardaron dos meses en cicatrizar, y todo este tiempo lo pasó el atormentado en el incómodo camastro sin levantarse más que una vez cada día para satisfacer necesidades indispensables.

Los médicos habían prescrito un régimen alimenticio especial; un médico y un cirujano visitaban tres veces al día al prisionero, y redactaban un informe minucioso en que daban cuenta de cuanto habían observado.

Estos cuidados obedecían a un declarado deseo de prolongar lo más posible la vida de Damiens, "haciendo más duraderos y más crueles los dolores sin correr el riesgo de que el condenado sucumbiera o que la violencia de los castigos le hiciera perder el conocimiento o amenguara su sensibilidad". El médico y el cirujano respondieron a una consulta de los jueces encargados del proceso, que de todos los tormentos conocidos, el llamado de los *brodequines* era el menos peligroso para la vida del preso, y el que exponía a menos accidentes mortales.

El tormento de los brodequines se daba de diversos modos. El más corriente consistía en encerrar los pies, las pantorrillas y las rodillas entre cuatro recias tablas de encina; dos delante y dos detrás. Se araban sólidamente con varias vueltas de cuerda, y se metían luego, a golpe de mazo, un cierto número de cufias entre las tablas. En el tormento ordinario se metían cuatro cuñas, y ocho en el extraordinario. La presión era tan fuerte que desgarraba la carne y hacia estallar los huesos. Una variedad de este tormento consistía en envolver las piernas del condenado en una hoja de pergamino o en una piel fresca; se aproximaban luego a un fuego vivo que desecaba con rapidez esta especie de calzado, ocasionando dolores atroces.

Por Paris circuló durante unos días el rumor de que se daría a Damiens el tormento llamado de los espejos de Venecia. He aquí en qué consistía esta tortura, invención de un italiano.

Se llevaba al criminal a una sala cuyas paredes estaban cubiertas por grandes espejos; se le ponía *in puris naturalibus* y se le suspendía por las manos de una cuerda sujeta al techo. Se le daba por asiento una punta de diamante, sobre la que se hacía caer al infeliz repetidas veces en un movimiento de sube y baja bien calculado, para que la punta penetrara con violencia en el ano. El infortunado sometido a esta tortura sentía dolores intolerables que le determinaban a confesarse autor hasta de crímenes que no había cometido.

Para Damiens se eligió, por consejo de los médicos, como ya se ha dicho, la tortura de los brodequines, con ocho cufias y apretándole las cuerdas con rigor inusitado. Cada vez que se metía una cuña se hacía un interrogatorio. Cuando el torturado parecía perder las fuerzas, se suspendía el tormento hasta que se veía que la sensibilidad era de nuevo completa. Al cabo de dos horas y cuarto, declararon los médicos y los cirujanos que asistían a la tortura que no se podía prolongar más tiempo, sin riesgo a accidentes graves. Se llevó de nuevo al atormentado al calabozo y se le puso en el camastro torturador.

La crueldad de los jueces fue inútil. Damiens negó tenazmente que tuviera cómplices.

A los carceleros y a los verdugos les causaba asombro la sangre fría que demostraba el regicida en el calabozo, y el valor y la resistencia física que probaba en el tormento.

Dos horas después de haber sufrido la bárbara tortura de los brodequines, bromeaba con el cirujano Foubert, al que ofrecía un puesto en primera fila el día en que le descuartizarían en la plaza pública, cosa que daba por cierta. Poco después entraba en el calabozo un oficial de los guardias. No pudiendo resistir el mal olor, se llevó el oficial las manos a la nariz. Damiens le dijo, riendo: - Por lo visto se creía usted que entraba en la alcoba de una dama. Tendrá que irse acostumbrando o pasará malos ratos.

En el último interrogatorio a que fue sometido, se puso un particular empeño en que denunciara a los que le habían sugerido la idea de matar al rey. Se sospechaba especialmente del clero y de los jesuitas.

Damiens negó con tesón, sin demostrar vacilación ni debilidad durante las cuatro horas en que se le tuvo en el tormento.

Por fin llegó el día de la ejecución. No se olvidó ningún detalle para que fuera el castigo ejemplar y aparatoso. Se designaron veinte verdugos, y para ninguno faltó ocupación.

Para no perder detalle de la triste ceremonia, las damas más distinguidas, esperaban impacientes la llegada del regicida en los balcones y ventanas que habían alquilado a precio de oro. Por algunos puestos -no los mejores- se pagaron cuarenta luises. En algunas casas aristocráticas se organizaron fuertes partidas de juego para hacer más soportable la impaciencia.

Desde la *Conciergerie* se llevó al reo a la Casa Ayuntamiento, donde los comisarios le interrogaron por última vez. Luego se procedió a su tocado de regicida condenado a muerte infamante, y se le llevó al lugar del suplicio tumbado en una carreta.

"Mientras se le desnudaba -traducimos el relato de un testigo- miró Damiens con ojos curiosos los terribles aparatos del suplicio, sin hacer el menor caso de los dos teólogos verbosos que le exhortaban a ponerse a bien con Dios. Cuando se le arremangó la camisa, que se le puso recogida como a los Cristos encima de las vergüenzas (sic), quedó al descubierto un cuerpo rollizo y blanco, que hubieran envidiado muchas mujeres. Se ordenó al reo que se tendiera en el suelo, donde quedó bien sujeto con correas y argollas de hierro. A la mano derecha se ató con una cuerda la navaja regicida. Se le hizo meter la mana en un perol con azufre hirviendo. Con la cabeza apoyada en una almohada de paja, se dejó quemar la mano, sin articular una queja; duró el suplicio cinco minutos. El verdugo de Orleans procedió entonces al atenazamiento de la carne, recorriendo en un instante los brazos, el pecho y las piernas. El verdugo de Paris iba indicando los sitios en que debía profundizar las tenazas, y el de Lyon se aplicaba a verter en las sangrantes heridas una mezcla hirviente hecha de aceite, plomo fundido y resina. Cada vez que la cortante tenaza rasgaba la carne, dejaba escapar el desdichado un lastimero quejido, pero, como había hecho al quemársele la mano, cesaba luego su queja y contemplaba la herida con ojos casi serenos. Esta extraordinaria insensibilidad la conservó Damiens hasta el último momento.

Se procedió a la ligadura de los brazos y las piernas, indispensable preludio del descuartizamiento. Esta preparación, aunque larga y dolorosa, produjo los mismos efectos que las precedentes, es decir que arrancaron nuevos gritos al paciente, pero sin impedirle el deseo de contemplar su propio tormento con curiosidad que a todos produjo asombro.

Se le ató, en la forma acostumbrada, a cuatro caballos, que intentaron arrancar en direcciones distintas; los músculos del reo se distendieron, pero sin sufrir la menor laceración. Durante una hora se intentó en vano el descuartizamiento. Damiens miraba con ojos serenos a los caballos que, fustigados con crueldad, se esforzaban por ganar terreno.

Los médicos y los cirujanos hicieron observar a los comisarios que era imposible lograr el descuartizamiento, si no se facilitaba la acción de los caballos cortando los nervios principales. El verdugo de Paris hizo esta amputación, con la que, al fin, se logró la separación de los miembros. El desdichado Damiens vivía aun en el momento en que se le arrancó el último miembro, por lo que es muy verosímil que no estuviera completamente muerto cuando se le arrojó a la hoguera, donde las llamas acabaron de dar satisfacción a la venganza pública."

Cuantos presenciaron los incidentes de este horripilante suplicio, se mostraban bien dispuestos a creer que Damiens estuvo hasta el último momento ayudado por los genios infernales, sino era, como creyeron algunos, la encarnación del mismo Satán.

Hoy que la ciencia tiene elementos de juicio para explicar con admisibles hipótesis el acto de un pobre enfermo mental, y el agotamiento rápido de su facultad de sentir el dolor que asombraba a sus verdugos, solo queda como obra del demonio en este terrible drama, el ensañamiento con que los jueces brutales procedieron contra un loco, la insensibilidad rencorosa de un rey cobarde y la estúpida curiosidad, sadista y torpe[69], de los cortesanos serviles y del vulgacho rastrero.

Entre los maleficios de odio y venganza merece una mención especial -por su importancia y por su frecuencia- el hechizo que se llama ligadura o ligamento.

Consiste este vulgar sortilegio en conseguir con conjuros y ciertas prácticas demoniacas, la impotencia sexual del maleficiado. En ciertos casos, es tanto el poder del hechicero y tan insidioso su deseo de venganza que, al propio tiempo que la lamentable incapacidad de copular, sufre el infeliz maleficiado el mal llamado enclavijamiento, que hace imposible la evacuación de la orina.

Por fortuna, usan poco los peligrosos maleficiadores de este hechizo, mucho más grave que el llamado ligadura.

No es este maleficio cosa moderna -casi todas las maldades de los hombres tienen la antigüedad de la historia de la Humanidad-, pues ya Platón hablaba largamente, en su *Tratado de las leyes*, de los malvados que hacen dañosos encantamientos para hacer impotentes a los hombres de quienes quieren vengarse. Juzgaba Platón tan delictuoso este encantamiento, que pedía pena de muerte para los que se servían de este medio para impedir la consumación de un matrimonio. Hasta el intento frustrado debía ser castigado severamente en opinión del filósofo. Es razonable Platón, y parece adelantarse en varios siglos a los estudios y descubrimientos médicos, cuando asegura que las preocupaciones y los temores, pueden producir en hombres neuróticos una impotencia sexual repentina y pasajera, sin que en el desagradable fenómeno

---

[69] El lascivo Abate Casanova, refiere en sus famosas Memorias, que asistió a la terrible muerte de Damiens. Mientras él seguía curioso las espeluznantes peripecias de la larga ejecución, su amigo -italiano, por más señas- se ocupaba suciamente en sodomizar, sin previa insinuación ni aviso, a una dama. Esta sufrió el inesperado ultraje, sin apartarse de la ventana, en que reclinaba el pecho, para no perder detalle de la tortura, descuartizamiento y muerte del regicida. Nadie -sin excluir la ofendida- pareció advertir la torpe escena, que Casanova refiere, como cosa natural, sin demostrar sorpresa, y mucho menos indignación.

intervengan para nada los maleficios diabólicos. Hoy está bien demostrado que muchas causas -casi siempre pasajeras- pueden ocasionar un momentáneo estado de frigidez, más o menos duradera y acentuada, sin que hechiceros ni demonios se entrometan a perturbar de mal modo una función que volverá a ser normal en cuanto desaparezcan los motivos, de índole psíquica generalmente. El mismo goce de ver llegado el momento de realizar una copula largo tiempo deseada con anhelo, puede causar la desesperante frigidez, que durara varios días -tal vez semanas y aun meses- Si el impotente circunstancial da en preocuparse por el fracaso de sus primeros intentos, que él considera ridículos, y que no son, ciertamente, una gloriosa patente de la esperada virilidad con que soñara la desencantada esposa.

Si el desconcertado frígido es necio y supersticioso, y cree en brujas y hechicerías, achacará su impotencia, sobrevenida de pronto, a un maleficio de odio.

Esta insensata diagnosis puede agravar la supuesta ligadura, si el que se juzga ligado da en sospechar que es cosa ardua y costosa destruir un maleficio en que ha intervenido un poderoso demonio. Los atenientes ignaros eran de este parecer, y procedían en consecuencia, dando la muerte al hechicero que alardeaba de ser capaz de hacer ligaduras.

En la antigua Roma todas las frigideces insospechadas se atribuyeron a dañosos maleficios. El lujurioso Ovidio se encuentra un día impotente, y no vacila en atribuir su desgracia a una perversa hechicera. Petronio cuenta en el Satiricón, muy por menudo, la aparición y el remedio de la frigidez de Polienos, rendido antes de comenzar el erótico combate al que le invita graciosa la hermosa Circe.

La lúbrica pelandusca Circe abraza ardientemente al deseado Polienos, con el que se ha dado cita en un bosquecillo de plátanos, donde... Mejor es copiar el texto:

"Extendidos sobre el césped tupido preludiamos con mil besos ardientes otra voluptuosidad mayor; pero al intentarlo, mis nervios fueron acometidos de súbita debilidad y defraude las esperanzas de Circe. Indignada por la injuria: -¿Qué significa esto? -exclamó- ¿Acaso mis ardientes besos te repugnan? ¿Está mi cuerpo macerado por el ayuno? ¿Mi aliento ofende tu olfato, o mi sudor te hace antipática mi presencia? ¿O es que temes que Gitón (un efebo al que ama Polienos) se entere, y el miedo paraliza tus miembros'- El rubor cubrió mi rostro, y la vergüenza acabó de quitarme la poca virilidad que me restaba. Habíame quedado como paralítico.- No busques en ti -conteste-, hermosa mía, la causa de mi defección. Soy sin duda víctima de un maleficio..."

Pero la mujer enardecida no admite necias disculpas ni necias razones de lo que juzga un ultraje a su belleza. Circe "sacude su túnica, algo arrugada, pero no tanto como suelen dejarla los amantes después de sus expansiones amorosas, y se precipitó bruscamente dentro del vecino templo, consagrado a Venus."

El fracaso tiene una segunda parte:

"Todo concurría a hacerle creer que mi infortunada aventura había sido un sueño, una verdadera m alucinación sin embargo, mi debilidad era tan grande, que durante algún tiempo me fue imposible levantarme. Pero a medida que el quebrantamiento de mi espíritu se disipaba fui recobrando mis fuerzas y pude pronto volver a casa, acostándome en seguida, con pretexto de una indisposición. Pronto entró en mi dormitorio Gitón, entristecido por el anuncio de mi dolencia. Para calmarle le dije que me había acostado porque tenía necesidad de reposo, contándole varias historias; pero sin

aludir ni remotamente a mi infortunio, temiendo sus ce-
los, y para disipar toda sospecha le hice a costar con-
migo, tratando de darle alguna prueba de amor. Pero
anhelante y sudoroso tuve que desistir de mis propósi-
tos. Levantóse Gitón furioso, y reprochó mi debilidad,
atribuyéndola a falta de amor por él. Dijo, celoso, que
ya sabía que otra persona gozaba los embates de mi
virilidad. -Mi amor-le di- je- no ha desaparecido ni
amenguado; pero ahora, creciendo la razón con la
edad, madera mi pasión y mis transportes. -De ese
modo -dijo burlón- te doy las gracias por amarme como
Sócrates. Nunca salió Alcibíades tan puro como yo
ahora, del lecho de su maestro."

Persuadido Polienos de que su impotencia, ahora ya bien comprobada, la producía un maleficio, determina buscar un remedio a su
mal, recurriendo a las diabólicas artes de una vieja tenida por hechicera. Lo que la taimada bruja dice y hace, nos servirá para dar-
nos una idea de las supercherías acreditadas en Roma para remediar la ligadura:

"-¿Cómo te encuentras?- dijo la vieja, saludándome.
Sacó luego de su seno una redecilla tejida con hilos de
diferentes colores y me la puso al cuello a manera de
corbata. Escupió luego en un dedo lleno de un polvo, y
con el barrillo que resultó me signó en la frente, al
tiempo que murmuraba: Si estás vivo, espera. ¡Y tú,
Dios constante de flores y amores, ayuda a este amante!

Hecha esta invocación a Príapo me ordenó que escu-
piese tres veces y que otras tantas echase en la túnica
sendos guijarros que había la vieja traído en una
banda de purpura. Llevó luego su sarmentosa mano a la

parte enferma y se operó el buscado encanto con rapi-
dez. El decaído levantó la cabeza y rechazó la mano de
la vieja, que se mostró admirada del prodigio. A la sir-
vienta de Circe, que presenciaba el beneficioso sortile-
gio, le dijo, transportada de gozo: -Mira, Crisis, que
hermosa liebre acabo de levantar para otra más ventu-
rosa que yo."

Pero el contento y la cura fueron fugaces. En un nuevo encuentro
con la confiada Circe, volvió el desdichado Polienos a rendir las
armas sin haber luchado. Injuriado por Circe, azotado por sus sier-
vos, corrido de vergüenza, trata el infeliz Polienos, en un arran-
que de cólera, de cercenar el sucio e inservible miembro, que se
libra del duro, pero muy justo castigo, porque, "cobarde y avergonzado, se empequeñecía y se ocultaba como si huyera del cortante acero" Cambia de idea, y renunciando a la insensata mutila-
ción, apostrofa inútilmente al agonizante miembro...

y el, insensible, lacio, inconmovible,
mustio como una flor que el tallo inclina,
cubría su cabeza avergonzado,
como cierra sus hojas flor marchita.

Comprende al fin que aquella verbosa cólera es tan ridícula y tan
vana como la que exterioriza el gotoso que maldice sus pies inútiles o el epiléptico que insulta a sus manos temblorosas. Se preocupa en serio de los remedios que pueden restablecer su vigor, y,
por juzgarlo el más seguro, entra en el templo para invocar a
Príapo:

"¡Hijo de Baco y de la hermosa Venus, numen de los
jardines y las selvas!... No vengo aquí manchada la
conciencia con crímenes sangrientos o terribles; sino

a pedirte más vigor .Y fuerza. Una parte de mi que-
dose helada cuando más su calor necesitaba. Lo que
te sobra a ti y en ti admiramos, concédeme, para que
luego pueda al amor desagraviar..."

Acababa el maleficiado su invocación, cuando entró en el templo la bruja Prosilenos, cuyas artes habían fracasado, del modo que ya sabemos, en la dificultosa cura del ligado Polienos.

Para fortuna de todos, llega también la sacerdotisa de Príapo, quien sin saber en cuanto arriesga su crédito, se compromete a curar al hechizado: -Soy la única -dice- capaz de remediar eso; que este joven duerma conmigo una noche, y le devuelvo tan vigoroso como un toro.

Pero Enotea no fiaba el triunfo que anuncia solo a la virtud de su marchita hermosura. De las distintas cosas que hizo para desligar el maleficio, recordaremos las que tienen un valor doctrinal e histórico, suprimiendo las peripecias que no hacen a nuestro estudio.

"Colocó Enotea bajo mis manos una vasija llena de
vino; cortó puerros y perejil; me hizo extender los de-
dos, que regó con aquel licor a guisa de agua lustral, y
echó en el vino yerbas, pronunciando palabras mági-
cas... Trae después una jeringa, la llena de polvos de
pimienta y ortigas picadas desleídas en aceite y me lo
introduce poco a poco en el ano. Después me frota los
muslos con este licor estimulante. Mezclando después
algunas plantas, me pone una cataplasma en la parte
enferma, y luego, con un manojo de ortigas verdes, me
azota suavemente el bajo vientre."

El infeliz no puede sufrir tanto tormento, y busca la salvación en la huida. Pero el remedio no había sido ineficaz. La ligadura queda curada, y no tarda Polienos en darse cuenta de que los dioses le han restituido el vigor. Las circunstancias en que se verifica la prueba de que está completamente desligado el maleficio, no pueden ser referidas en esta compilación, en la que el atrevimiento no ha de pasar de los límites que hoy tolera la decencia.

Nos hemos extendido de intento en el relato joco-serio del malicioso Petronio, porque las gentes supersticiosas creen aun en la ligadura, con la misma sandez de buena fe que los antiguos romanos.

Esta conseja -como las más de las antiguas supersticiones- ha sido mantenida y fomentada por la ignorancia y la astucia codiciosa de la Iglesia. Los más ilustres teólogos han dado siempre por cierto que por maleficio diabólico se podía impedir la consumación de un matrimonio. Santo Tomas, como ya hemos dicho, ha divagado larga y cándidamente sobre tan importante materia. Opinión tan autorizada había de influir, e influyó, en efecto, en las decisiones de la Iglesia y en los Códigos Civiles, que servilmente aceptaban los preceptos de las disposiciones canónicas. Durante siglos se han conservado las penas contra los maleficiadores que impedían con sus diabólicas artes el concúbito entre marido y mujer. Varios teólogos han mantenido la tesis de que si la imposibilidad de copular, ocasionada por un maleficio, persistía después de rogar a Dios y de recurrir a los exorcismos, podían los cónyuges separarse y contraer nuevo matrimonio con otras personas. En las Decretales se habla repetidamente de la impotencia originada por maleficios.

Los estudios modernos de psicopatología o psicología patológica, tienen bien determinadas las causas y los remedios de la impotencia momentánea y pasajera, que los ignaros atribuyen a maleficios de odio y venganza, y que pretenden curar con prácticas y oraciones, no más sensatas que las oraciones y las practicas que ellos suponen producen la insospechada incapacidad sexual.

La llamada ligadura no es otra cosa que una psicosis, una perturbación sexual, que hasta en un mismo sujeto puede ofrecer síntomas distintos, y hasta antagónicos. El mismo individuo que un día lamenta su inesperada anestesia sexual, puede padecer después, o haber padecido antes, una franca hiperestesia. Tanto la impotencia psíquica como el priapismo son casi siempre curables, cuando no los originan causas internas muy graves. Cualquier remedio moderno es más eficaz -más juicioso cuando menos- que una fórmula diabólica o un exorcismo de un párroco.

Capítulo VI - Concepto moderno del satanismo

En el mes de noviembre del año 1610 celebraron los inquisidores de Logroño un solemne auto de fe en el que sufrieron las penas correspondientes cincuenta y tres reos, entre ellos seis en estatua, de los que, según costumbre, fueron desenterrados sus restos. Veintinueve de estos reos fueron juzgados y condenados, a penas más o menos graves e infames, por brujos. Todos eran vecinos de la villa de Vera y lugar de Zugarramurdi, en el valle de Baztán (Navarra).

Los inacabables folios de este proceso proporcionan muchos datos para formarse una idea de la ignorancia y el fanatismo de aquellos tiempos. Los acusados confiesan su hechicería con la misma necia buena fe con que los inquisidores dan crédito a las absurdas confesiones de los engañados dotes que se creen endemoniados.

Todos declaran que han asistido, con más o menos frecuencia, a los *aquelarres*. Las sesiones diabólicas se celebraban, según los brujos, en un prado denominado Berroscoberro, al que solía asistir el demonio en figura de macho cabrío.

Las asambleas eran frecuentes, puesto que se celebraban los lunes, miércoles y viernes de cada semana. Había además reuniones extraordinarias y solemnes que se celebraban en las Pascuas y en la noche de San Juan. Todas eran presididas por Satanás, quien tomaba con frecuencia forma de hombre-triste, iracundo, negro y feo, especialmente en los días en que había recepción de nuevas adeptos. Presidia acomodado en una silla que unas veces era dorada y otras negra como el ébano. Nadie supo declarar la causa ni la importancia de este cambio de poltrona, que era en todos los casos, grande, cómoda y rica.

El aspecto del demonio presidente no era bello ni atractivo. Ceñía su cabeza con una corona de cuernecillos, que parecían servir de aditamento a dos cuernos de cabrón que le brotaban del colodrillo.

Aún tenía otro cuerno mayor en el centro de la frente. De este último decían los brujos que alumbraba el prado más que la Luna y menos que el Sol. Eran los ojos del infernal presidente, grandes, redondos y muy abiertos, centelleantes y espantosos. Tenía barba cabruna, manos y pies casi humanos, pero con uñas largas, recias y afiladas. Algunos brujos dijeron que eran las manos del Presi- dente corvas como garras de ave de rapiña, y que los pies recordaban las patas de ganso.

La discrepancia no es muy grande, pero conviene apuntarla. En lo que si convinieron todos era en que tenía su infernal señor la voz como de rebuzno, desentonada, espantosa y ronca.

Hablaba poco, pero cuando lo hacía, su voz producía un irremediable espanto.

Conociendo este retrato del demonio presidente -en el que tal vez el amor le pinte favorecido- causa extrañeza que se atrevieran sus fieles a darle los homenajes que confesaron con impudor.

Comenzaba el aquelarre con adoraciones rendidas a Satanás, al que llamaban su Dios y Señor, y ante él que todos repetían jubilosos la apostasía hecha al abrazar la secta. Le besaban luego el pie, la mano y el costado izquierdos. No eran estos besos zurdos los más reverentes ni los más extraños, pues aseguran los folios que le besaban también al horrible presidente *el orificio y partes pudendas*[70].

---

[70] A este cochino homenaje alude Castillo de Solórzano cuando le dice a una vieja habladora:

¿Qué será verle una noche
cuando a las doce, desnuda,
para pisar esos aires
te vales de las unturas,
y penetrando bodegas,
brincando de cuba en cuba
tanto chupas sus licores
como a los muchachos chupas,
hasta que en solio azufrado
al torpe cabrón adulas
besándole aquellas partes
tan cursadas como sucias?

183

Dados los ósculos indiscutiblemente infernales, pasaban a hacer los fieles franca confesión de culpas: haber asistido a misa, o practicar buenas obras. El demonio reprendía a los pecadores con su mal carácter o imponía pena de azotes a los culpables recalcitrantes. En ocasiones aplicaba los azotes con sus propias manos; otros pecadores -los viejos, seguramente- eran azotados por un brujo, que ejercía el oficio de verdugo, que allí no era deshonroso.

Se hacía luego un remedo infernal de la misa.

El oficiante se revestía con ornamentos negros, y comulgaba con *una cosa redonda que parecía suela de zapato*. Terminado el ofertorio, volvían los fieles "a besar al diablo -copio de los folios- donde se ha dicho, y el despide olor fétido por el orificio, a cuyo fin algún brujo elegido le levanta la cola...

Lo que ahora sigue es ya tan grave, que hay que acudir nuevamente al fiel testimonio de los folios, ante el temor de ser acusados de maldicientes y calumniadores, delitos feos aun siendo el censurado Satanás.

"Acabada la misa, conoce sodomíticamente el diablo-presidente a los hombres y mujeres, y luego a estas en forma ordinaria. Después manda a los hombres hacerlo entre si y a las mujeres también por modos extraños: y asimismo hombres con mujeres, sin respeto a matrimonios ni parentescos."

Como se ve, perdían la vergüenza pero no el tiempo, los brujos de Zugarramurdi, cuyos aquelarres eran infinitamente más libertinos -más complicados, al menos- que los que se celebraban en otras partes de España, donde las cohabitaciones, que eran como un rito inexcusable, no tenían un carácter tan marcadamente sodomítico, ni era forzoso probar mucha resistencia física para alternar los placeres que solo podía proporcionar un diablo en extrema lujurioso.

Con esta cama redonda tan deshonesta e infame, terminaba el aquelarre. Nada quedaba que hacer, y los lujuriosos brujos, de los dos sexos, necesitaban regresar a sus hogares en busca de un reparador descanso.

El presidente despedía a sus adeptos recomendándoles que hicieran todo el mal posible a las personas cristianas, a los brujos que no cumplieran sus infernales deberes, a los frutos de la tierra y a los ganados.

Debía de presidir aquellas asambleas demoniacas, el más maligno y dañoso de los diablos.

Lo probaría -si aún hicieran falta pruebas- la forma en que se hacían las iniciaciones en la secta demoniaca de Navarra.

La persona que había inducido a otra a entrar en la hechicería, aceptaba el oficio de padrino o de madrina, según el sexo del catecúmeno Padrino y apadrinado se presentaban al diablo-presidente en el primer aquelarre que se celebraba.

Hecha la presentación del recipiendario, decía el diablo: "Te acepto y prometo tratarte bien para que se animen otros a tomarme por Señor; pero es preciso que detestes tu fe y tomes la mía" El neófito apostataba de Dios, de Jesucristo, de María Santísima, de todos los santos y de la religión cristiana. Prometía no invocar jamás los nombres de Jesús ni de María, no santiguarse, formar figura de cruz, ni hacer obra de cristiano Reconocía al demonio por su único dios y Señor, en el acto le adoraba como a tal, prometiéndole obediencia, fidelidad y constancia hasta la muerte. Hacia formal renuncia al cielo, gloria y tierra, venturanzas eternas de los cristianos, a cambio de gozar en esta vida todos los placeres que puede ofrecer en la tierra Satanás a sus fervorosos fieles.

El diablo marcaba entonces al nuevo adepto con las uñas de la mano izquierda en una parte del cuerpo, que él elegía a capricho, y que no era siempre parte visible, limpia ni honesta. Imprimía luego con una moneda de oro, y sin causar dolor, un sapito de oro en la niña del ojo izquierdo. Esta señal, casi microscópica, servía para el reconocimiento de brujos. El que se decía brujo y no podía mostrar la marca diabólica del sapito, era un impostor indigno de todo crédito.

Se daba la ceremonia de iniciación por concluida, entregando al nuevo fiel de Satán un sapo vestido, que había de cuidar con esmero, procurando que nadie lo viera. Esto se le encarece mucho al neófito, porque el sapo representa toda su felicidad. Con la ayuda del repugnante animal podrá cuando quiera el novel brujo, volar por los aires caminar largas distancias en poco tiempo, sin fatiga, hacerse invisible cuando le convenga, tomar figura de animal, hacer mal a quien le parezca...

Desconfiando de la habilidad del nuevo brujo encarga el diablo a su Padrino o madrina, que durante un tiempo, sean ellos los que se cuiden de alimentar y vestir al valioso animalito. En la comida se muestra delicado y glotón el sapo satánico al que se ha de dar diariamente carne magra, pan y vino. El vestido consiste en una especie de saco con capucha, y abierto por la parte del vientre. El indumento más de su agrado es el confeccionado con terciopelo verde.

A los cuidados y mimos que exige al dueño, responde el sapo con mil servicios, entre los que ha de contarse -además de los ya dichos- el de despertar al brujo en los días de aquelarre, para que no ocasione su retraso o su falta de asistencia, el enojo del demonio, quien se muestra muy extremoso en este punto.

A la iniciación sigue un largo tiempo de prueba, que solo acaba cuando el padrino afirma y prueba que el nuevo brujo ha hecho ya tantas maldades contra la religión cristiana, que no puede caber duda de que tiene madera de demoniaco y de que fue sincera su apostasía .

"El demonio entonces -copio de las hojas del proceso- le echa su bendición con la mano izquierda, levantándola en alto medio cerrada, y de repente baja el brazo, llevando rápidamente los dedos a las partes pudendas; vuelve a elevar la mano, haciendo la circular de derecha a izquierda, como para devanar hilo al revés y en seguida le confía el sapo que hasta entonces ha estado a inteligente cuidado del padrino."

Uno de los modos de multiplicar el número de brujos, consistía en llevar a los aquelarres a chicos, mayores de seis años, en los días en que había bailes con tamboril, pito, gaita, dulzaina o flauta. Con la golosina de la danza, era fácil embaucar a los muchachos, que poco a poco se aficionaban a una diversión en la que nada malo veían, porque ya procuraba el llamado alcalde de niños de tenerlos alejados de los lugares donde se desarrollaban las escenas lujuriosas impropias para chiquillos. Se les mostraba a los pequeñuelos el camino de la brujería, pero no se les pedía apostasía ni se les iniciaba en las prácticas infames hasta el momento oportuno.

Cuanto llevamos referido y mil necedades más, consta en los folios del proceso de Logroño. Los insensatos que se creían realmente brujos, lo confesaban de buena fe, o por temor al tormento; los inquisidores escribían las necias declaraciones, con puntualidad que es pregonera de su ignorancia y su fanatismo. Los terribles fallos, contra unos pobres enfermos, más necesitados de auxilios médicos que de infecundos castigos, prueban también la crueldad de los jueces.

Se descubrió la existencia de la secta demoniaca de Zugarramurdi por la denuncia de una muchacha, que a poco de haber hecho profesión de fe diabólica cayó gravemente enferma. Recobró luego la salud, y arrepentida y absuelta de sus arrebatos diabólicos, delató a los brujos que conocía.

La primera bruja delatada fue María de Jurreteguia, mujer de Esteban de Navalcorrea. Confesó su culpa, declarando que era bruja desde su puericia, por haberla conducido a los aquelarres dos tías suyas, cuyos nombres dio y que también confesaron de plano.

La declaración más importante fue la que hizo María de Zuzaya, quien se acusó de haber sido una fervorosa y eficaz propagadora de las doctrinas de Satanás.

Confesó entre otros muchos delitos propios, que todas las noches era visitada por el demonio, al que tuvo por amante muchos años. Era este demonio tan lujurioso que no era raro que se presentase muchas tardes de improviso en el domicilio de María, para aplacar sus deseos, nunca saciados en los ayuntamientos nocturnos, que ella declaró ser variados. Más grave -porque era en perjuicio de terceros y sin placer para nadie- es lo que después declaró. Dijo María que había hecho grandes daños a muchas personas que nombró, haciéndolas sufrir, con hechizos, dolores y largas enfermedades. Añadió que había causado muchos daños en los huertos, poniendo polvos venenosos en peras, manzanas y otras frutas; que un hombre murió después de padecer dolores intensos, por haber comido un huevo asado que la declarante envenenó con los polvos hechizados.

Todo esto era verdaderamente criminal y no se excedieron los jueces en el castigo, dadas las costumbres de aquel tiempo, condenando a la envenenadora a sufrir muerte en garrote. Luego se quemó el cadáver, refinamiento inútil de crueldad que significaba en las prácticas inquisitoriales una atenuante de la pena. Cuando se castigaba con verdadero rigor, se quemaba al reo vivo.

La relativa benignidad de los jueces se justificó en el fallo, reconociendo que la confesión de María de Zuzaya había permitido acelerar el proceso y descubrir otros culpables. Pudo justificarse también declarando, con buen juicio, que no estaba en sus cabales una in- sensata que afirmaba haberse burlado muchas veces de un clérigo de Rentería, gran cazador, tomando ella figura de liebre para fatigar al sacerdote con largas carreras inútiles, y haciéndole gastar pólvora y perdigones en vano.

No pagó tampoco todos sus feos delitos, con haberle quitado la vida, el llamado Miguel de Goiburu, rey de los brujos de Zugarramurdi. Dejando a un lado las insensateces de que se acusó para probar su diabólico poder como maleficiador, probó méritos bastantes para merecer la hoguera con declarar que "había matado muchos niños, cuyos padres nombró, chupándoles la sangre por las cisuras de heridas de alfileres que clavaba en diferentes partes del cuerpo, y a veces por el sieso o partes pudendas". A modo de comentario de estos crímenes, añaden los jueces: "Aunque esto suele ser efecto de venganza o mala voluntad, acaso no era sino por complacer al demonio, que gustaba mucho de que los brujos chupasen la sangre de los niños, y que exhortaba diciendo: *Chupad, chupad*, que eso es bueno para vosotros." Uno de los asesinados era sobrino carnal del declarante; hijo de una hermana suya.

Como delitos agravadores de los crímenes de Miguel de Goiburu, se hacen constar en los folios los siguientes: haber profanado muchas veces las iglesias, desenterrando muertos, para llevar al demonio la ofrenda de huesos humanos pequeños, ternillas y sesos; haber concurrido con el demonio a dañar los campos, llevando como rey de los brujos la calderilla del agua maldita con que los rociaba, que era de cuerno negro. El agua era verdinegra y se había preparado con polvos venenosos. Confesó también haber incurrido muchas veces en el crimen nefando de sodomía, ya pasivamente con el demonio, ya activamente con otros brujos.

La insistencia y la frecuencia con que se habla en el proceso de los brujos de Navarra de esta sucia perversión, nos afirma en la limpia idea que siempre tuvimos, y en que pensamos morir, si Dios no nos abandona, de que no es la pederastia practicada y defendida por el demonio, pecado tan liviano como aseguran algunos médicos ultramodernos -no se les puede llamar de vanguardia- que demuestran por tal vicio una tolerancia sospechosa. Cosa que tanto gusta al demonio, no puede ser amparada por verdaderos cristianos.

Más espeluznante que todas las anteriores es la confesión que hizo Juan de Goiburu, hermano de Miguel y marido de Graciana de Barrenechea, reina de las brujas.

Aunque este endemoniado rey consorte se conformaba con desempeñar modestamente en los aquelarres placido e inofensivo papel de tamborilero, era también pederasta y asesino. Acompañó muchas veces a su hermano a desenterrar cadáveres de niños, de cuyos cuerpos usó promiscuamente antes de asarlos o de cocerlos para comerlos con el demonio, que asistía a estos banquetes, aunque no fuese día de congregación. Bien convencido de que el demonio era muy aficionado a estos festines llegó el declarante a tales extremos de locura, que mató a su propio hijo para comer su cadáver con otros amigos brujos, cuyos nombres delató.

La llamada reina de las brujas, mujer del parricida antropófago, confesó que celosa de los amores del demonio con María Juánez de Oria, procuró conquistar la preferencia. Logrado este deseo - no del todo reprensible en mujer enamorada- extremó sus exigencias en forma ya criminal. Pidió permiso al demonio para matar a la rival ya vencida. Autorizado por Satán el homicidio, lo realizó sin tardanza, estando dormida en su cama tranquilamente su enemiga, por no ser noche de congregación. La roció con polvos venenosos que produjeron enfermedad violenta de que murió al tercer día.

Declaró también que había dado muerte a muchos niños, para tomar venganza de sus madres; destruyó cosechas y causó enfermedades con sus polvos y ungüentos.

Dijo esta declarante que su primer marido, Juan de Iriarte, no había sido brujo; que tampoco lo era la tercera y más pequeña de sus hijas, ni su yerno, marido de esta. Se había guardado siempre de ellos, pero les había dado a comer, como manjar diferente, ternillas y sesos de personas difuntas y desenterradas.

María de Iriarte Barrenechea, hija de la infame reina, declaró que su madre la presentó al demonio "para que al primer uso de su cuerpo, verificado al natural y contra naturaleza, quedo muy dolorida, con efusión de bastante sangre; se quejó a su madre, quien le respondió que no tuviese cuidado, pues lo mismo le había sucedido a ella en su niñez, en que fue presentada al demonio. Confesó también haber matado nueve criaturas, chupándoles la sangre por las partes pudendas... Dio además muerte a tres hombres y a una mujer, sirviéndose de polvos; y "a otros cuatro con una agua verdinegra, que dijo ser un veneno sin remedio".

Estefanía Iriarte, hermana de la anterior, confesó también haberse prostituido, por doble vía, al demonio, y haber cometido cuatro homicidios.

Se haría enojoso ir extractando una a una todas las declaraciones de los reos. Las más coinciden en la confesión de los hechos más infames: los aquelarres eran asambleas de lujuriosos y de invertidos, que se entregaban sin frena a su diabólica perversión; los más de los brujos eran miserables asesinos que mataban por fanatismo o venganza. Ciertos detalles que hallamos en el proceso comprueban estas infamias, pero sin agravar las ya relatadas, como no sea por la fuerza con que se prueba la contumacia por la repetición de los hechos. Juan de Satín dice que se ocupaba en tocar la flauta, porque gustaba el demonio de oír música agradable mientras abusaba de los cuerpos de los brujos y las brujas, que con gran placer se le ofrecían Martin de Vizcay depone que la vez primera que el diablo abuso del declarante, *le hizo una herida notable de la cual salió gran porción de sangre.*

"Su mujer (que no era bruja ni sabía que lo fuera Martin) vio la camisa y los calzones manchados de sangre; pregunto el origen, y el fingió haberse caído en el campo y herídose con la punta de una rama cortada de árbol al tiempo de remediar su necesidad corporal del vientre." Los más de los encartados en el proceso declararon haber causado homicidios. Dos hermanas matan a sus propios hijos para dar satisfacción al demonio, quien las había reconvenido de que hacía mucho tiempo que no habían hecho mal a nadie. Al acabar la horrible deposición de sus crímenes, dicen las dos madres desnaturalizadas que Satanás se mostró agradecido del obsequio... ¡Basta de copiar horrores!

Era preciso, con todo, tratar con cierta extensión el proceso de los brujos de Logroño, no solo porque nos prueba hasta qué punto de aberración pueden llevar la superstición y la ignorancia, sino porque marca el fin de una etapa abominable en el modo de enjuiciar y de punir delitos de hechicería por el tribunal del Santo Oficio:

"Eran juzgados los hechiceros en masa -dice Michelet- y condenados por una palabra. Jamás hubo prodigalidad de vidas humanas comparable a esta. Sin hablar de España, tierra clásica de las hogueras a la que no iba nunca el moro ni el judío sin la bruja, se quemaron siete mil en Tréveris y no sé cuántas más en Tolosa; quinientas en Génova, sólo en tres meses (1513); ochocientas en Wurtzburgo, casi en una hornada; mil quinientas en Bamberga (dos reducidos obispados); el mismo Fernando II, el devoto, el cruel emperador de la guerra de Treinta años, tuvo que vigilar de cerca a aquellos santos prelados, que tenían, al parecer, la buena intención de purificar en el fuego a todos sus vasallos. Encontró en la lista de Wurtzburgo un hechicero de once años, que estaba en la escuela y una hechicera de quince; y en Bayona dos de diez y siete diabólicamente bellas... Las acusadas siempre que pueden, evitan la tortura dándose la muerte por su mano. Remy, el juez de Lorena, que había quemado ya ochocientas, se vanagloria del terror que producía su crueldad: Mi justicia es tan buena, dice, que quince hechiceras apresadas el otro día, no quisieron esperarla y se suicidaron."

En las instrucciones que da Bodin a los inquisidores, se advierte fiera delectación de concienzudo sadista, cuando recomienda, como una cosa excelente, que se torture a los reos introduciéndoles, muy poco a poco, cuñas aguzadas de madera entre uña y carne. La muerte que sufren los condenados a ser quemados vivos, la califica brutalmente de exquisita. Martin del Rio recomienda encarecidamente que no se prolongue la tortura, por miedo a perder la presa. Deben alternarse sabiamente los ratos de tormento y los de descanso, para que no maten al reo el dolor y el miedo. Esta muerte prematura, quitaría a los verdugos el regodeo de la merecida ejecución en la hoguera o en la horca; en la horca y en la hoguera casi siempre.

Quiso la suerte que interviniera en la substanciación del proceso un teólogo tan docto y tan equilibrado de juicio como probó serlo, don Pedro de Valencia. Las infamias que confesaron los acusados le escandalizaron sin llegar a perturbar su razón, accidente harto frecuente en otros inquisidores fanáticos, que creyendo ciegamente cuánto los insensatos reos decían, obraban en consecuencia, dictando terribles fallos que delataban una criminal incomprensión.

El doctor Valencia acertó a hacer distinción entre lo que debía de ser cierto y lo que era inadmisible.

En un largo memorial que dirigió al cardenal inquisidor general, antes de dictar sentencia, le declaraba que "algunas cosas que han confesado los brujos, son ciertas, efectivas y reales, pero ejecutadas sólo por medios naturales; otras no suceden sino en la imaginación de los reos, como los ensueños del dormido, las fantasías de los dementes y los delirios de los enfermos. Pero los reos creen haberse verificado y por eso las confiesa de buena fe los arrepentidos; otras, finalmente, no se verifican, ni aun se imaginan verificadas; pero las cuentan como tales algunos brujos por dar mayor valor a sus historias, cuyo grado de vanidad hay, con mis o menos eficacia en todos los hombres, que prefieren esto a su propia utilidad bien entendida."

Detalla después el clarividente inquisidor que a la primera clase pertenecen los delitos de matar a sus semejantes, crímenes que cometen a diario muchos que no alardean de brujos. "Pero no es raro -añade en seguida- que desarreglada ya la imaginación de quien abraza la iniquidad con placer, suene después haber intervenido medios diabólicos en sus propias acciones naturales y se lo crean. De la segunda clase son los viajes por el aire a las juntas y cuanto se supone sucedido en ellas, aquí recuerda Valencia que

Andrés Laguna, médico del papa Julio III, ha explicado las virtudes de ciertas plantas capaces de trastornar la razón y de representar en la imaginación escenas y objetos agradables. Recuerda luego que los dedicados al culto de la diosa griega Rhea, creían estar oyendo tímpanos y otros instrumentos músicos y viendo danzas, bailes, faunas, sátiros y otros fantasmas, y para conseguirlo mejor iban a los montes y los bosques, donde aseguraban hallar el colma de sus delicias, como los brujos dicen de sus juntas nocturnas.

Tantas y tan buenas razones añadió Pedro de Valencia para probar que en las causas de hechicería necesitaba el Santo Oficio una crítica especial, que el inquisidor general dictó ciertas instrucciones aconsejando a sus inferiores que en adelante se procediese con suma cautela en los procesos contra los llamados brujos.

Es grato poder declarar que, al cabo de varios siglos de haber procedido contra los supuestos hechiceros con la sañuda ignorancia aconsejada por el brutal jesuita Martin del Rio, se levantaba la voz de un inquisidor menos fanático para pronunciar estas palabras sensatas, inspiradoras de la justicia moderna: "Es mejor, en caso de duda, dejar sin la condigna pena a un culpable, que castigar a un inocente o imponerle pena mayor que la merecida."

Don José Poch Noguer, con una seria intención que pregona largamente[71], ha pretendido buscar la íntima relación que el juzga debe existir entre el ocultismo clásico y los fenómenos que hoy llamamos metapsíquicos.

En el capítulo dedicado a las asambleas de los brujos dice, que en los aquelarres confería Satán juntamente con el título de brujo, las facultades inherentes al mismo. Estas eran: omnímodo poder sobre todas las riquezas de la tierra; rendir las voluntades más tercas

---

[71] El buen propósito va confesado en la portada de su interesante libro Prácticas Científicas de Ocultismo o Las Ciencias Ocultas Reveladas por la Metapsíquica. Libro de una nueva ciencia en el que se rasgan los cendales centenarios de insólitos hechos que han conturbado plebeyos espíritus y altas mentalidades. Madrid, 1924.

y rebeldes; descubrir los secretos más recónditos y desentrañar los más impenetrables misterios; devastar cultivos; transportarse de un lado a otro y hacerse invisibles cuando conviniera; insensibilidad en el tormenta; conocer los maravillosos misterios de las aplicaciones de lo creado, vedados a los demás mortales, etc., etc.

También señalaba el rey de las sombras a sus prosélitos, marcándoles con una uñada indeleble en la espalda y aplicándoles un sello de oro en un ojo, que aparecía después con la señal de un sapito casi microscópico. Esta era la marca de identidad con que se reconocían los brujos a primera vista[72].

"¿Que hubo -pregunta Poch- de real y positivo de todo este farrago de desvaríos?" Y, sin vacilar, responde:

"Una mezcla amorfa de poder electivo de la intención, fantasías que no pasaron de tales y acción directa, que llegó al último grado de la criminalidad."

Para desentrañar cada uno de tales puntas, es preciso proceder por partes.

¿Se celebraron en realidad aquelarres? Si. Pero no consistieron más que en una forma de practicar la prostitución clandestinamente.

Pueden probar esta afirmación multitud de procesos que todavía se conservan en los respectivos archivos: el de Calahorra, en 1570, el de Navarra en 1610, etc., etc.

Así mismo, en los tiempos actuales, organizó parecidas sectas el monje Rasputín entre ciertos elementos de la aniquilada corte rusa.

---

[72] "Respecta al sapito en el ojo que distinguía a los brujos de todos los demás mortales, J. Maxwell afirma que los médiums tienen como señal fisiológica de su facultad, una manchita en el iris. Es un atisbo del eminente hombre de ciencia, que merece ser tenido en cuenta, y que quizás arrojaría alguna luz en estas misteriosas cuestiones." (J. Poch, obra citada.)

En el proceso de Calahorra resultaron encartadas más de treinta mujeres.

En el de Navarra más de doscientas, con el detalle de que hubo entre ellas muchas menores de edad. Precisamente descubrieron la infamia dos niñas de nueve y once años respectivamente. Declarándose ellas mismas brujas -*jurguinas*- y se comprometieron a descubrir a las demás. Las desdichadas, así como todas sus compañeras en edad y condición, estaban torpemente desfloradas.

Resumidamente aparece de los datos documentales, que iniciados e iniciadas se reunían en satánico banquete, donde se embriagaban con bebidas excitantes, indudablemente eran estos vinos con polvos de cantárida en maceración -lo prueba que muchos padecían graves alteraciones del sistema urinario, que a algunos les ocasionaron la muerte en el encierro-; y excitados torpemente, se entregaban a toda clase de desatinos y obscenidades.

Rasputín organizaba singulares *ágapes místicos (sic)*, con danzas lascivas y alocadas. Excitados los comensales por el baile y la bebida, en trajes todo lo ligero que puede suponerse, apagábanse al final las luces del aposento donde se celebraba la orgia. Se adivinan las escenas de franco libertinaje que allí se desarrollarían, en promiscuidad deseada y repugnante.

En el proceso de Logroño se encuentran datos aleccionadores y curiosos.

Las encartadas declararon que unas viejas de la localidad les habían servido de introductoras en el aquelarre, *no conduciéndolas personalmente, sino proporcionándoles los medios para que pudieran trasladarse solas*.

A tal fin, les habían untado el cuerpo, cuando estaban en la cama con una grasa verdosa que de momento las dejó como narcotizadas. De pronto se encontraron en la torpe asamblea, cuyos detalles descubrieron por menudo. Para lo sucesivo se proveyeron de tan maravillosos untos, y, frotándose con ellos, iban al aquelarre sin necesidad de auxiliar alguno.

No se conoce con exactitud la composición de los ungüentos diabólicos, pero, por los efectos que producían y por su aspecto, puede muy bien suponerse que eran pomadas a base de vegetales narcóticos, como el beleño, el estramonio y la belladona (quizá también algún sucedáneo del cáñamo indio, sino este mismo), con una fuerte porción de opio. Obraban por absorción epidérmica, análogamente a la cocaína tomada en forma de rape o aplicada en embrocaciones sobre las membranas bucales. Todo el aquelarre se reducía a alucinaciones provocadas por dichas drogas, cuyo indigno comercio era explotado por las brujas que las proporcionaban. Un tráfico infame para facilitar paraísos artificiales, exactamente igual que el que se hace actualmente con las substancias estupefacientes.

Portales delirios, artificialmente provocados, se subjetivaban las imágenes que en estado normal obsesionaban al individuo; motivo precisamente de que para convertirlas en realidad, se entregaran a las practicas que de buena fe eran tomadas como de brujería. Al despertar se figuraban sinceramente que todo había sido real y verdadero, y se harían reos de delitos que solo habían existido en sus exacerbadas mentes.

En la interesante obra de J. M. Charcot y P. Richer *Les démoniaques dans l'art* hay un estudio final de la neurosis histérica, considerada hasta bien entrado el siglo XIX, no como una enfermedad sino como una perversión del alma, ocasionada por la presencia y la malévola acción del diablo.

Comienza el estudio por advertir que aunque el gran ataque convulsivo era una de las principales manifestaciones de la neurosis, no ha de inferirse que fuera la histeria el único estado mórbido disimulado en los distintos casos de posesión. Se reconocen también otras neurosis, tales como la alienación mental en sus diferentes formas (demonopatía), la epilepsia, la hipocondría, etc.

Pero parece indudable que de todas las afecciones nerviosas, la histeria representó casi siempre el papel más considerable.

Hoy puede hacerse del ataque histérico una descripción metódica, subdividiéndola en distintas fases y periodos netamente caracterizados. Se ha demostrado la existencia de una regla fija e inmutable, donde otros autores no habían visto más que confusión y desorden. Alrededor de un tipo que representa el ataque histérico en su entero y completo desarrollo, se ha podido agrupar las variedades resultantes del predominio o de la atenuación de uno o de varios períodos que la componen. Entre estas variedades, hay una que merece llamar particularmente la atención en este estudio. Encontramos en ella a los modernos *"posesos"* lo que determinó a Charcot a distinguir esta forma peculiar denominándola *"ataque demoniaco"*.

Está perfectamente demostrado en la actualidad, por numerosas observaciones, que no es la histeria una dolencia exclusivamente femenina. Hombres jóvenes, y adultos, sin ninguna característica de afeminamiento pueden ser víctimas de la gran neurosis.

Los síntomas son casi idénticos en los dos sexos, y solo en algunos casos, pueden advertirse diferencias de detalle.

El ataque histérico completo y regular, se compone de cuatro periodos. Generalmente anuncian la proximidad del ataque ciertos signos, que le advierten al enfermo el momento de la crisis.

Estos pródromos aparecen generalmente algunos días antes del ataque. El enfermo se queja de malestar e inapetencia, se muestra preocupado y melancólico, o, por el contrario, da señales de una agitación extrema.

En las mujeres histéricas son muy frecuentes en estos días pregoneros del ataque, las alucinaciones de la vista; consisten especialmente en visiones de animales: gatos, ratas, víboras, cuervos, etc. No es raro que, al acercarse la crisis, sienta la enferma calambres, temblor limitado a un miembro, o sacudidas nerviosas de todo el cuerpo, acompañadas de vértigo.

Se presentan luego los fenómenos dolorosos del aura histérica que preceden inmediatamente al ataque y que aparecen en general en el orden siguiente: dolor en los ovarios, irritaciones hacia el epigastrio, palpitaciones cardiacas, sensación de bola histérica en el cuello, zumbido de oídos, sensación de golpeteo doloroso en la región temporal, desvanecimiento de la vista. Luego, la pérdida del conocimiento, marca el comienzo del ataque, que se desarrolla en esta forma:

1. *Período epileptoide*: Tiene este Periodo la apariencia del verdadero ataque epiléptico: convulsiones tónicas y después estertor.

2. *Periodo de contorsiones y de grandes movimientos*: En él hace la enferma un gasto exagerado de fuerza muscular.

   Durante las diversas fases de este periodo, muestran los enfermos una extraordinaria flexibilidad de cuerpo y una fuerza muscular extraordinaria. Estos fenómenos habían llamado la atención de los primeros observadores testigos de las agitaciones de los posesos. En el Ritual de los exorcismos se lee que uno de los signos de la posesión demoniaca, consistía en el desarrollo de fuerzas físicas superiores a las correspondientes a la edad y al sexo de las personas en que se manifiesta. En los hombres llega frecuentemente este periodo a un grado de violencia que excede a cuanto se puede imaginar[73].

   Las contorsiones consisten en actitudes extrañas, imprevistas e inverosímiles. Estas actitudes las calificó Charcot de *ilógicas*, para diferenciarlas de las del tercer periodo. Se

---

[73] Los signos característicos de la posesión diabólica son los siguientes: Conocimiento de lenguas nunca aprendidas por el poseso; nociones científicas, con facultad de expresarlas discutiendo sobre ellas, en real ignorancia de las mismas en estado normal; conocimiento de cosas secretas u ocultas referentes a objetos materiales o del dominio del pensamiento ajeno; actos y efectos que excedan a las fuerzas humanas; perdida de los sentidos corporales.

producen casi del mismo modo en la mujer que en el hombre: el enfermo forma un verdadero arco de círculo, apoyando solo en el suelo o en la cama la cabeza y los pies. La contorsión puede inmovilizar al paciente en las aptitudes más extrañas y variadas. En los hombres predominan las actitudes de extensión, y en las mujeres las de flexión.

Los grandes movimientos, consisten generalmente en oscilaciones rápidas y pronunciadas de una parte del tronco o de los miembros. Estos grandes movimientos adquieren algunas veces un carácter particularmente acrobático. Acostumbran ir precedidos o acompañados de gritos agudos y prolongados.

Otras veces son estos movimientos rudos y desordenados. El enfermo parece luchar con un ser imaginario. Es una verdadera crisis de rabia, contra sí mismo, o contra los otros, en la que el enfermo ruge y da aullidos, como una fiera acosada. Procura morder y golpear; destroza cuanto está al alcance de sus manos. Las mujeres se arrancan los propios cabellos a manotadas.

3. *Periodo de actitudes pasionales*. Este tercer periodo está caracterizado por el predominio de las alucinaciones. El enfermo entra en escena, y por su mímica expresiva y animada, así como por las frases entrecortadas que pronuncia, es fácil seguir todas las peripecias del drama a que el paciente cree asistir y en el que representa al mismo tiempo el principal papel.

4. *Periodo final*. Después del periodo de las actitudes pasionales, puede decirse que ha terminado el ataque. El enfermo ha recobrado en parte el conocimiento, pero sigue siendo presa de un delirio, con alucinaciones y ligeras convulsiones.

Representa este periodo como un resto de la crisis, y los accidentes que en él se presentan pueden ser comparados a los que anunciaron la iniciación del ataque.

Es muy frecuente que en este periodo final tenga el enfermo contracciones generalizadas y dolorosas, que hacen tomar a sus miembros posiciones grotescas y variadas. La enferma, no puede, aunque ha recobrado el conocimiento, impedir estas contracciones. No es así extraño que, en épocas de ignorancia creyese la misma enferma que estaba bajo el dominio de un mal espíritu, que se complacía en torturarla.

El ataque regular, el ataque tipo, compuesto de cuatro periodos bien definidos, suele durar de quince a veinte minutos; pero no es raro que se repita distintas veces en un día con muy breves intervalos.

En muchos enfermos tiene uno de los periodos un marcado predominio. Cuando son extremadamente exageradas las contorsiones y movimientos, que hemos descrito como correspondientes al según-do periodo, se manifiesta el ataque en la variedad que Charcot denominó demoniaca. Al propio tiempo que todo el cuerpo se agita en sacudidas violentas y continuas, el rostro toma una imponente expresión, mezcla de espanto y de cólera; los ojos están inmóviles y desmesuradamente abiertos, y de la boca, gesticulante y babosa, sale, flácida, la lengua. Cuando el ataque llega a su fin, se oye al enfermo llamar a voces a seres imaginarios, a los que, insulta y escupe, cuando advierte la imposibilidad de golpearlos, como quisiera, con sus manos, inmovilizadas por la fuerte y prolongada contracción muscular, que no desaparece por completo hasta que cesa el ataque.

En las descripciones que nos han dejado los testigos oculares de las convulsiones de los demoniacos de otras edades, es fácil encontrar las más de las manifestaciones y los síntomas que hemos dado como característicos de los ataques histéricos. Pero sería equivocada la afirmación de que todos los posesos sufrieron las mismas crisis. No ha de olvidarse que la gran histeria puede ofrecer las formas más variadas: ataque epileptoide, de contorsión y de grandes movimientos, ataque de éxtasis, de delirio, de letargia, de sonambulismo, de catalepsia, etcétera, sin olvidar las formas no convulsivas, caracterizadas por las anestesias, las hiperestesias especiales, las parálisis, etc., etc.

De todas estas variedades del histerismo, hay dos -el éxtasis y ciertas formas de convulsión- a las que Charcot concede una importancia particular.

"El éxtasis histérico -escribe- no tiene caracteres especiales que permitan distinguirlo de otras variedades de éxtasis. Nosotros lo consideramos como una forma del gran ataque, fragmento separado del tercer periodo, o periodo de las actitudes pasionales. Los signos que permiten reconocer la naturaleza histérica del éxtasis se advierten principalmente en los fenómenos que le preceden o le siguen, y en los variados síntomas que ofrece el sujeto en los intervalos de las crisis. Así una actitud extática precedida y seguida de algunos fenómenos pertenecientes a los otros periodos del gran ataque: constricción de la faringe, fenómenos epileptoide, aunque sean insignificantes, contorsiones, etcétera, deben ser atribuidos sin vacilación a la gran histeria. El diagnóstico sería aún más seguro si en el intervalo de las crisis, el paciente presenta los estigmas de la histeria: anestesia, acromatopsia, etc. Pero repetimos que la fisonomía exterior del éxtasis no basta para caracterizarle. No tenemos, como en las crisis de las convulsiones demoniacas, el conjunto de signos que podríamos llamar patognomónicos."

Toma Charcot del libro de Gorres *El milagro y las Ciencias Médicas* varios ejemplos de éxtasis místico en los que se exteriorizan fenómenos (anestesias, y rigidez de miembros) que se encuentran igualmente en los éxtasis histéricos.

Falseando la verdad, todos los artistas que han pintado santos en éxtasis, han desdeñado de intento toda apariencia de violencia, todo fenómeno convulsivo.

"Para ellos, dice Charcot, el éxtasis es una pose expresiva, una pura actitud pasional; todos sus esfuerzos se dirigen a expresar, a hacer exterior, un fenómeno interno, en una palabra, a traducir objetivamente, por la expresión de la fisonomía, y las actitudes del cuerpo, lo que pasa en las regiones del espíritu inaccesibles a la vista."

Cita entre otros muchos ejemplos el *San Francisco en éxtasis*, y el *San Antonio de Murillo, Santa Margarita de Córdoba* de Lanfranchi y la *Santa Catalina de Sodoma.*

La calma, la alegría, la serenidad que se advierte en estos cuadros descubren falsedad y monotonía que, según Charcot, "hubieran evitado los artistas si hubieran sabido que podían haber encontrado en individuos histéricos inapreciables modelos".

El reproche va particularmente dirigido a los artistas españoles, preocupados exclusivamente de reproducir los caracteres del éxtasis en el rostro y en los gestos. Por el contrario, la escuela de Brueghel, a pesar de su forma excesiva y caricaturesca nos ha proporcionado valiosos documentos gráficos al ofrecernos a un mismo tiempo cuadros de costumbres populares y los síntomas precisos de la gran neurosis, en las procesiones de danzantes, conocidas con el nombre de *"Danza de San Guy"* nuestro baile de San Vito, manifestado en forma epidémica.

De los grabados que reproducimos puede inferirse el espectáculo -medio religioso medio satánico- que ofrecían estas famosas danzas que se verificaban anualmente, durante los siglos XIV y XV en distintas poblaciones de la comarca alemana del Rin.

Eran las danzas la parte esencial de las ceremonias y plegarias en que tomaban parte miles de pobres enfermos, que acudían con fervor en busca de la salud, que no sabían darles los médicos, a una iglesia milagrosa o a una capilla consagrada a un santo popular y taumaturgo.

La mayor cultura de estos tiempos no ha curado la superstición ni el fanatismo, y en los comienzos del siglo XX, aún se celebraban estas danzas en algunas poblaciones alemanas, en la fiesta de Pentecostés. San Willibrod, patrón de Epternach, no ha perdido nada de la fama que goza desde hace siglos y a él llegan anualmente tumultuosas peregrinaciones, de histéricos y neuróticos. En la entrada de la población se ordena la procesión lamentable, en la que han formado algunos años diez mil personas. Desde la orilla del rio Sure, donde se forma la procesión, avanzan los peregrines hacía el centro de la ciudad, donde se levanta la basílica, danzando, según un ritmo prescrito y marcado por grupos de músicos puestos a convenientes distancias. Consiste la danza en una serie de saltos hacia atrás y hacia delante, que ejecutan con cierto orden las personas sanas interesadas en la curación de sus parientes o amigos, al propio tiempo que brinquetean a su antojo o como pueden, los epilépticos y otros neuróticos que imploran su propia cura. Los enfermos muy ancianos o muy graves, pagan a mozos de la ciudad para que los representen en la danza.

Es muy frecuente que haya que retirar de la procesión a un pobre enfermo que, impresionado por el espectáculo y el ruido, cae de repente por tierra, vencido por la crisis epiléptica. Cuando termina el desfile ante el santo milagroso, sigue la danza en las posadas y en las tabernas entre gritos y ademanes que tienen poco de religiosos.

Estas danzas alocadas, que a pesar de su carácter religioso, tienen mucha semejanza con las orgias satánicas, adquirieron un carácter especial en la epidemia de convulsión que se produjo en la primera mitad del siglo XVIII, dando comienzo en el Cementerio de San Medardo, junto a la tumba del diacono jansenista Paris.

Durante un tiempo, solo los jansenistas fanáticos creen que Francisco Paris, que ha muerto, según ellos, en olor de santidad, puede realizar milagros. Durante los cuatro primeros años que siguieron a la muerte del diacono, los enfermos jansenistas iban al cementerio de San Medardo y rezaban con fervor ante la tumba de Paris. Pero en el mes de agosto de 1731 aparecen los *convulsionarios*, y, según la expresión de los creyentes, "Dios ha cambiado las vías y los medios de que se servía para curar a los enfermos". Ahora les hace pasar por lacerante dolores y por convulsiones violentas.

En los relatos que se conservan de estos milagros y estas fieras convulsiones, es fácil reconocer el papel importantísimo que representaba el histerismo. Pero aún no se había manifestado la epidemia con los caracteres que iba a adquirir en seguida.

Poco a poco fueron las convulsiones más frecuentes y fueron tantos los convulsionarios, que fue preciso publicar un edicto real ordenando la clausura del cementerio teatro de las escandalosas escenas de fanatismo.

Entonces se produjo la epidemia; la prohibición fue para los convulsionarios un nuevo estimulo. Los prodigios aumentaron de tal modo que se buscaba y pagaba como un tesoro tierra milagrosa de la tumba del diácono. Las convulsiones fueron más numerosas y más violentas que hasta entonces.

Luego se añadieron a las convulsiones, los vaticinios y los oráculos, los discursos proféticos, la pretensión de operar milagros y de hablar lenguas desconocidas, el impulso a realizar actos extravagantes, en fin los diferentes fenómenos del delirio histérico y del éxtasis, unidos a las distintas manifestaciones de la monomanía religiosa.

Perseguidos por la autoridad, los convulsionarios celebraron tercamente reuniones clandestinas. La epidemia fue acabando lentamente; en 1760 no había cesado aun por completo.

La más curiosa de las prácticas de los convulsionarios es el sistema de socarras que habían ideado para lograr las curaciones, haciendo patente la protección divina.

Disponían de los socorros pequeños y de los grandes socorros. Consistían los pequeños en tocamientos, presiones y golpes moderados en diferentes partes del cuerpo. Todo parece probar que la satisfacción de los instintos lúbricos entra en estos remedios como parte principal.

Los grandes socorros, también llamados atormentadores, destinados a poner de manifiesto la influencia sobrenatural, consistían en violencias atroces ejercidas sobre los convulsionarios, con palos, barras de hierro, piedras pesadas o martillos con los que se descargaban golpes terribles y repetidos.

También se empleaban para atormentarlos agujas, largos clavos y hasta espadas, que algunos hombres fantásticos elevaban sin compasión en la carne de los enfermos privados de conocimiento. El horror de estas escenas, recuerda la crueldad con que los faquires indios atormentan sus propios cuerpos, sugestionados por el delirio religioso.

Estudiando a la luz de los conocimientos modernos la explicación de estos hechos dice Charcot:

"En los convulsionarios de San Medardo, que presentaban generalmente los síntomas de la histeria, se han de poner de manifiesto dos puntos, que se advierten en el empleo de los socorros, y en los que podemos reconocer los signos de la "gran neurosis histérica" tal como se manifiesta actualmente. Es el primero la presencia de la anestesia generalizada y profunda, muy frecuente en esta clase de enfermos.

Esta particularidad, que no se traduce por ningún signo objetivo, debería ayudar de manera singular a los pacientes a soportar las tormentas más dolorosas en apariencia. Se ha de notar que los pinchazos no producían habitualmente sangre, como ocurre ordinariamente a los individuos que padecen anestesia histérica.

Consiste el segundo punto, en el alivio que proporcionaban los *socorros* al comprimir ciertas regiones del cuerpo dotadas de propiedades especiales, bien estudiadas actualmente en las llamadas zonas histerógenas. Una excitación mecánica de estas zonas provoca la crisis, que suele ceder a otra excitación análoga hecha en la misma región. En la mujer se hallan estas zonas en el abdomen y en la región de los ovarios. En muchas casas la compresión de los ovarios basta para suspender como por arte de encantamiento, las convulsiones más intensas. En el hombre, la compresión testicular suele producir los mismos efectos.

Otras manifestaciones sobrenaturales que se atribuyen a los convulsionarios no se explican fácilmente, y obligarían a pensar en la existencia real de un milagro, si las versiones contradictorias que dan los mismos fanáticos, no nos autorizaran a sospechar que en los relatos hay más fantasía que verdad. ¿Cómo creer sin muchas y buenas pruebas, que niños recién destetados rompieran a hablar de pronto en diferentes idiomas?

El hecho es tan sobrenatural que solo los muy dispuestos a creer en lo maravilloso y en los milagros, pueden dar crédito a las afirmaciones indemostrables y tendenciosas, de los fanáticos, obstinados en obtener provecho para su causa de la locura contagiosa y epidémica de que fue cuna y teatro el cementerio de San Medardo[74].

---

[74] La prisa que se dieron los periódicos católicos de todo el mundo a pregonar con imprudencia y escándalo el buen éxito lo- grado, con rezos y agua bendita, para librar del demonio a los posesos de Illur (Alsacia), hace sospechoso el cacareado milagro, minuciosamente relatado en un libro (que fue un buen negocio editorial) por el P. Sutter, párroco de Eichohffen. Ocurrió el prodigio en el año 1864, y en 1923 todavía se explotaba el libro del P. Sutter, en buscadas ediciones hechas en todas las lenguas. Merece ser señalado este hecho, porque aún se pondera en el librejo como un triunfo de la Iglesia sobre Satanás, la curación relativa (los dos curados mu-rieron poco después de haberse librado de los demonios) de un mal que está perfectamente estudiado.

Varios médicos honestos estudiaron a los dos posesos (Teobaldo y José Burner, de diez y de ocho años respectivamente), diagnosticando en ellas una histeria exacerbada, con fobias acentuadas. Los síntomas reales sólo daban ocasión a esta acertada diagnosis; pero la imaginación popular ideó mil cosas maravillosas, que sirvieron para hacer de los dos pobres enfermos una pareja temible de endemoniados. Los exorcismos, tercamente repetidos, pusieron fin a cinco

Y si admitiéramos el aparente milagro, tendríamos un dato nuevo para probar, que los convulsionarios devotos y los demoniacos sacrílegos, eran desventurados enfermos enloquecidos y torturados por una misma dolencia: la gran histeria.

Esta coincidencia en la manifestación del supuesto estado sobrenatural de los que se dicen asistidos por Dios y de los que se creen ayudados y favorecidos por Satán, ha hecho vacilar la fe de buenos creyentes, que se muestran alarmados de que no haya un modo cierto de distinguir por sus manifestaciones exteriores los misterios divinos y los prestigios diabólicos.

En el mismo Ritual romano referente a los exorcismos, se dan como propias de las demoniacas manifestaciones que se advierten en los extáticos cristianos y en los tocados de un modo particular y milagroso por la divina gracia.

Copiamos literalmente el Ritual:

* *"...Los signos de la posesión diabólica son los siguientes: Hablar o comprender idiomas desconocidos: revelar hechos ocultos o que ocurren en lugares lejanos; demostrar fuerzas superiores a su edad o a su naturaleza...*

* *Se ha de desconfiar de las maniobras y de las falacias que los demonios emplean para engañar al exorcista; tienen por costumbre responder con gran perfidia, y manifestarse difícilmente, para que el exorcista desista de su empeño, o que el enfermo no parezca estar poseído...*

---

años de espasmos y convulsiones. El obispo de Estrasburgo puso un empeño comprensible, y censurable, en demostrar que los hechos y la curación sólo podían tener causas sobrenaturales... El buen prelado, trabajaba por su causa, y, sin temor al ridículo, hablaba de diablos y de posesión con la fe ignara de un hombre de la Edad media.

* *Algunas veces el demonio deja al enfermo en reposo y le permite recibir la santa Eucaristía, con el propósito de fingir que se ha retirado...*

* *Los artificios y los fraudes del demonio para engañar son incontables; el exorcista debe mostrarse sagaz y desconfiado...*

* *El exorcista no ha de entablar coloquios inútiles con el demonio, haciéndole preguntas fútiles o curiosas. Ha de abstenerse especialmente de interrogar al demonio sobre las cosas futuras y ocultas que no son necesarias para el exorcismo... Desconfié del demonio que frecuentemente finge que es el alma de un santo, de un muerto o de un ángel.*

* *Se ha de obligar a los demonios a declarar sus nombres y su número, la fecha y la causa de su venida... Las burdas habilidades y travesuras del demonio, sus bramas y sus burlas, ha de despreciarlas o impedirlas el exorcista.*

* *Oblige el exorcista a declarar al demonio si está retenido en aquel cuerpo por obra de sortilegio o de magia. Si el poseso ha tragado los demonios que los vomite; si están en otra parte del cuerpo, que lo indique, para darse prisa a quemarlos."*

Prescindiendo de la ingenuidad y de la ignorancia que descubren estos consejos del Ritual, se advierte en ellos un constante empeño en advertir a los exorcistas que procuren distinguir a los favorecidos por Dios y a los dominados por Satán, por ser frecuente que unos y otros exterioricen de un mismo modo (hablando lenguas desconocidas, demostrando fuerzas superiores a su edad y a su sexo, queriendo hacer vaticinios, etc.) su estado anómalo y en apariencia sobrenatural.

Esta identidad de expresión, ha hecho posible que al estudiar la epidemia de los convulsionarios afirmen unos que obraban los energúmenos movidos por el poder y la maldad del diablo, y digan otros con la misma convicción que era Dios quien daba a aquellos cuitados las energías que les consentía sufrir sin dolores y sin quejas los más brutales tormentos. Juana de Arco fue quemada en la hoguera por haber tenido éxtasis y apariciones, que ella creía de santos y que sus jueces consideraron malos espíritus. En distintas epidemias de enfermedades nerviosas, atribuidas a Satán, se señala como un hecho bien probado que el don de la profecía se propagaba entre las personas más incultas. Este don, que entonces se tuvo como poder demoniaco, ha servido en muchos casos para dar fama y patente de santidad.

211

APÉNDICE

I. Literatos perseguidos por sus ideas y por sus escritos

Hemos dicho muchas veces en el curso de esta obra, que la Iglesia ha procurado constante, consciente y sañudamente ser rémora del progreso. La afirmación necesita ser probada. Una vez más nos acogemos a la indiscutible autoridad de Juan Antonio Llorente, quien, sobre ser sacerdote, pudo acreditar sus juicios, apoyando sus razones en testimonios fehacientes e irrecusables de que dispuso a su antojo en su condición de secretario de la Inquisición de Corte. Los escritores que han pretendido defender al Santo Oficio -juzgado, no calumniado por Llorente- han reprendido las ideas y el estilo literario del paciente autor de la Historia critica de la Inquisición de España, pero no han tenido poder, ni aun abusando de la insidia y la mala fe, para disminuir el valor documental de los papeles que halló y copió el historiador veraz en los Archivos del Consejo de la Corte Suprema y de los Tribunales de provincias.

Su declaración es leal y terminante: "Para escribir una historia exacta (de la Inquisición española) era necesario ser inquisidor o secretario. Sólo así se pueden saber las bulas de los papas, ordenanzas de los reyes, decisiones del Consejo de Inquisición, procesos originales y demás papeles de sus archivos. Tal vez soy el único que por hoy tiene todos estos conocimientos.

Yo fui secretario de la Inquisición de la Corte de Madrid, en los años 1780, 1790 y 1791. Conocí el establecimiento bastante a fondo para reputarlo vicioso en su origen, constitución y leyes, a pesar de las apologías escritas en su favor.

Desde entonces me dedique a recoger papeles, sacar apuntamientos, hacer notas y copiar literalmente lo importante. Mi constancia en este trabajo y la de adquirir cuantos libros y papeles no impresos pude haber a la mano, a costa de crecidos dispendios, en las testamentarias de inquisidores y de otros difuntos, me proporcionaron una colección copiosa de papeles interesantes. Últimamente logré infinitos más en los años 1809, 1810 y 1811 con la ocasión de haber estado suprimido aquel Tribunal..,

Hemos transcrito estas manifestaciones de Llorente, porque ellas bastan, siendo, como son, exactas, para acreditar su buena fe, y justificar la frecuencia con que hemos buscado en este historiador textos para valorar nuestra modesta compilación. A él acudimos de nuevo, espigando en el capítulo XXV de su Historia para formar este apéndice que ha de ser un incompleto catálogo de noticias, nombres y libros referentes a los literatos celebres perseguidos por la Inquisición.

Nuestro propósito es claro: probar que la Inquisición española ha impedido en cuanto ha estado en su poder abusivo, el progreso de las ciencias, de la literatura y de las artes. Se va logrando el progreso en una lucha incesante -frecuentemente cruenta- contra la Iglesia. "Donde los talentos -dice Llorente- están sujetos a seguir opiniones establecidas por la ignorancia o barbarie del tiempo y sostenidas por el interés particular de clases determinadas, las luces no pueden progresar. Los defensores del Santo Oficio afirman que solo impide las opiniones heréticas, y deja libertad de avanzar en todo lo que no sea dogma, porque esto no pende de las luces del siglo ni de la sabiduría de los hombres. Si fuese cierto, se permitiría leer muchos libros prohibidos por contener doctrinas contrarias a la opinión de teólogos escolásticos. San Agustín (celoso defensor de la pureza de la religión), hacía distinción tan marcada entre una proposición dogmática y otra no definida, que confesaba ser libre cualquier católico en este segundo caso para seguir el extremo afirmativo o negativo, según la fuerza de razones que su entendimiento le sugiriese... Pero san Agustín no conoció el sistema de impedir la libertad de opinar, las *notas teológicas* inventadas en los siglos modernos por los calificadores del Santo Oficio, que han influido a la prohibición de libros y condenación de personas, con el título de: *proposiciones mal sonantes, ofensivas de oídos piadosos, erróneas, favorables a la herejía, contenedoras de olor o sabor de herejía, fautoras de herejía, próximas a herejía.* Modernamente, por adulación a los poderosos, han descubierto, nuevo modo de calificar, diciendo haber: *proposiciones injuriosas a personas de alto respeto, sediciosas, inductivas a la turbación del sosiego público, contrarias al gobierno reinante, y opuestas a la obediencia pasiva ensenada por Cristo y los apóstoles".*

Como se ve, no queda el menor resquicio por donde pueda filtrarse un rayo de nueva luz; no hay manera de probar si hay otra verdad distinta, o un complemento de la verdad de que se declaran, con necio orgullo, acaparadores únicos unos pocos hombres fatuos, cuya ignorancia pregona esa misma fatuidad.

Con justa alarma se hace Llorente estas preguntas:

¿Cuántos y cuáles libros podrán leer los españoles para ser sabios?

¿Cómo podrían saber los descubrimientos modernos de las ciencias exactas?

Sesudamente responde, refiriéndose a su tiempo:

"Sólo faltando a las leyes prohibitivas de la inquisición. Pero esto es peligroso, y siempre son pocos los que se animan a hacerlo con tanto riesgo, especialmente viendo que apenas hemos tenido desde que hay Inquisición un literato sobresaliente que no haya sido procesado por el Santo Oficio."

Como prueba, da una lista circunstanciada de perseguidos de la que nosotros tomamos solo los nombres, para no exceder los límites que consiente un simple apéndice de un libro, no destinado a hacer el proceso de la odiosa Inquisición.

Abad y la Sierra (don Agustín).

Abad y la Sierra (don Manuel), arzobispo de Selimbria.

Almodóvar (Duque de).

Aranda (Conde de).

Arellano (don José Javier), arzobispo de Burgos.

Ávila (Venerable Juan de).

Azara (don Nicolás).

Balboa (doctor juan) del canónigo doctoral de la Catedral de Salamanca y catedrático de prima de leyes de la Universidad de aquella ciudad.

Bails (don Benito), catedrático de Matemáticas en Madrid.

Baza (fray F.), religioso franciscano.

Barriovero (doctor Hernando).

Belando (fray Nicolás de Jesús).

Bercial (Clemente Sánchez del).

Berrocosa (fray Manuel Santos).

Blanco (don Francisco).

Brozas (Francisco Sánchez de las), más conocido por el Brocense.

Buruaga (don Tomas Sáenz de), arzobispo de Zaragoza.

Cadena (Luis de la), segundo canciller Universidad de Alcalá de Henares.

Campomanés (don Pedro Rodríguez del).

Canuelo (don Luis).

Cantalapiedra (Martin Martínez), catedrático de Teología.

Carranza (fray Bartolomé), arzobispo de Toledo.

Casas (don fray Bartolomé de las), obispo de Chiapa y después de Cuzco.

Castillo (fray Hernando del).

Centeno (fray Pedro).

Céspedes (doctor Pablo de).

Chamacero (don Juan de).

Clavijo y Fajardo (don José de), director principal del Real Gabinete de Historia natural de Madrid.

Clemente (don José), obispo de Barcelona.

Corpus Christi (fray Maucio del), doctor y catedrático de Teología en la Universidad de Alcalá de Henares.

Cruz (fray Luis de la).

Cuesta (don Andrés de la).

Cuesta (don Antonio).

Cuesta (don Jerónimo de la).

Delgado (don Francisco).

Feijoo (fray Benito).

Fernández (doctor Juan).

Frago (don Pedro), obispo de Jaca.

Gonzalo (don Victoriano López), obispo de Murcia.

Gorrionero (don Antonio), obispo de Almería.

Guerrero (don Pedro), arzobispo de Granada.

Granada (fray Luis de).

Gracián (fray Jerónimo).

Guardiel de Peralta.

González (Gil), jesuita.

Illescas (Gonzalo de).

Iriarte (don Tomas).

Isla (Francisco de), se le procesó como autor de la *Historia del famoso predicador fray Gerundio de Campazas*. No le sirvió al insidioso jesuita ampararse en el seudónimo, atribuyendo su sátira al licenciado don Francisco Lobón de Salazar.

Jesús (Madre Teresa de).

Jovellanos (Gaspar Melchor de).

Joven de Salas (don José).

Laínez (Diego).

Lapiana (don José), obispo de Tarazona.

Lara (don Juan Pérez).

Lebrija (don Antonio).

Ledesma (fray Juan de).

León (fray Luis de).

Lema (doctor Pedro de).

Ludeiña (fray Juan).

Lina cero (don Miguel Ramón de).

Meléndez Valdés (don Juan).

Macanar (don Melchor de).

Mariana (Juan de), jesuita.

Medina (fray Miguel de).

Meneses (fray Felipe de).

Mérida (doctor Pedro).

Moiñino (don José), conde de Florida Blanca.

Molina (don Miguel).

Montano (Benito Arias).

Montemayor (Prudencio).

Montijo (condesa de).

Mur (don Jose de)

Olavide (don Pablo).

Palafox y Mendoza (don Juan de).

Palafox (don Antonio de), obispo de Cuenca.

Pedroche (fray Tomas de).

Peña (fray Juan de la).

Quirós (don José).

Ramos del Manzano (don Franciscos).

Regia (fray Juan de).

Ricardos (don Antonio).

Ripalda (Jerónimo), jesuita.

Ritera (el beato Juan de).

Roda (don Manuel).

Román (fray Jerónimos).

Salazar (fray Antonio de), catedrático de Teología en Salamanca.

Salcedo (don Pedro González de).

Salgado (don Francisco).

Samaniego (don Félix María).

Samaniego (don Felipe).

Santa María (fray Juan de).

Sigüenza (fray José de).

Sotomayor (fray Pedro).

Tabíra (don Antonio), obispo de Salamanca.

Talavera (don fray Hernando Granada).

Tobar (Bernardino).

Tordesillas (fray Francisco).

Tormo (don Gabriel).

Urquijo (don Mariano Luis).

Valdés (Juan de).

Vergara (Juan de).

Vicente (doctor Gregorio de).

Villagarcía (fray Juan).

Villalba (fray Francisco de).

Villegas (Alfonso de).

Virus (fray Alfonso de), obispo de Canarias.

Yeregui (don José de).

Zeballos (Jerónimo de).

La lista sería mucho más larga, si no se hubiera omitido los nombres de muchos autores famosos cuyas obras fueron prohibidas por el Santo Oficio, pero sin que siguiera proceso contra las personas. Basta con los nombres apuntados -entre los que figuran santa Teresa, fray Luis de Granada y fray Luis de León- para justificar esta acusación que se encuentra en un dictamen sometido a la aprobación de un Consejo extraordinario convocado por el rey Carlos III: "El abuso de las prohibiciones de libros por el Santo Oficio es uno de los manantiales de la ignorancia que ha inundado mucha parte de la Nación."

II. Jerarquía Demoniaca

Corte Infernal

Wierio y otros demonógrafos han descubierto que en el Infierno todo se gobierna como en este mundo; que hay príncipes, nobles, plebeyos. Han tenido también la ventaja de haber podido contar el número de demonios, y distinguir sus empleos, sus dignidades y su poder.

Según lo que han escrito, Satanás no es el soberano del infierno; Belcebú manda en su lugar y debe reinar hasta el fin de los siglos. He aquí el estado actual del gobierno infernal.

Príncipes y grandes dignatarios: Belcebú, jefe supremo del imperio del Infierno, fundador de la orden de la mosca. Satanás, príncipe destronado, jefe del partido de la oposición. Eurínome, príncipe de la mosca. Moloch, príncipe del país de las lágrimas, gran cruz de la orden. Plutón, príncipe del fuego, también gran cruz de la orden, y gobernador de las regiones inflamadas. Pan, príncipe de los íncubos, y Lilith, de los súcubos. Leonardo, gran señor de los sábados, caballero de la mosca. Balberinto, gran pontífice, dueño de las alianzas, Proserpina, archidiablesa, soberana Princesa de los espíritus malignos.

Cuerpo de ministros del despacho: Adrameleck, gran canciller, gran cruz de la orden de la mosca. Astaroth, tesorero general, caballero de la mosca. Nergal, jefe de la policía secreta. Baal, general en jefe de los ejércitos infernales, gran cruz de la orden de la mosca. Leviathan, gran almirante, caballero de la mosca.

Embajadores: Belfegor, embajador en Francia; Mammón, en Inglaterra; Belial, en Italia; Rimmón, en Rusia; Thamuz, en España; Hutgin, en Turquía, y Martinet, en Suiza.

Justicia: Lucifer, justicia mayor, caballero de la mosca. Alastor, ejecutor de sus sentencias.

Casa de los príncipes: Verdelet, maestro de ceremonias, jefe de los eunucos del serrallo. Chamoos, gran Chambelán, caballero de la mosca. Melchón tesorero pagador. Nisroth, jefe de la cocina. Behemoo, copero mayor. Dagon, gran panadero. Mullín, primer ayuda de cámara.

Gastos secretos: Robals, director de los teatros. Asmodeo, superintendente de las casas de juego. Nibas, gran farsante burlesco. Antecristo, charlatán y nigromántico. Boguet le llama el mono de Dios.

Algunos de estos altos personajes merecen una mención especial, y para documentarnos sin mucho trabajo y sin asumir responsabilidad, recurrimos al famoso *Diccionario Infernal*, de M. Collón de Plancy:

ASMODEO.- Demonio destructor, el cual, según algunos demonólogos, es en los infiernos el superintendente de las casas de juego; siembra la disipación y el error.

Los rabinos cuentan que destronó a Salomón, pero que pronto Salomón le cargo de hierros, y le obligo a ayudarle a construir el templo de Jerusalén.

Asmodeo es en sentir de algunos la serpiente que sedujo a Eva; llá-mesele también Asmoday o Chammaday o Sydonay, nombre de un rey fuerte y poderoso que tiene tres cabezas; la primera es parecida a la de un toro; la segunda, a la de un hombre; la tercera, a la de un cordero; tiene cola de serpiente, patas de ganso y un aliento inflamado; muéstrase a caballo de un dragón, llevando en la mano un estandarte y una lanza; sin embargo, siguiendo el orden de la jerarquía infernal, está sometido al rey Amoymoon.

Cuando se exorciza a Asmodeo conviene estar a pie firme y llamarle por su nombre. Este demonio da a los hombres anillos astrológicos y les enseña a hacerse invisibles, demostrándoles además la geometría, la aritmética, la astronomía y las ciencias mecánicas. Conoce también algunos tesoros que se le puede precisar a descubrir y obedécenle 72 legiones.

ASTAROT.- Gran duque muy poderoso en los infiernos, que tiene una figura de un ángel muy feo, y se muestra galopando sobre un dragón infernal, teniendo en la mano derecha una víbora. Algunos mágicos dicen que preside al occidente, que procura la amistad de los grandes señores y que es menester evocarle el miércoles. Los sidonianos, los filisteos y algunas sectas de los judíos le adoraban. Es, según dicen, gran tesorero de los infiernos y da buenos consejos cuando se ponen a su dictamen leyes nuevas. Wierio nos dice que sabe lo pasado, lo presente y lo venidero, que responde voluntariamente a las preguntas que se le hacen sobre las cosas más secretas, y que es muy fácil hacerle hablar sobre la Creación, las faltas y la caída de los ángeles, de quienes sabe muy bien toda la historia; pero sostiene que ha sido castigado injustamente. Enseña a fondo las artes liberales y manda cuarenta legiones; pero aquel que le llame debe procurar que no se le acerque demasiado a causa de su insoportable hedor, por cuyo motivo debe llevarse bajo las narices un anillo mágico de plata, que es un preservativo contra los fétidos olores de los demonios.

ASTARTEA o **ASTARTÉ**.-Mujer de Astaroth según algunos demonógrafos; preside los placeres del amor, y trae cuernos, no disformes como los de su marido y otros demonios, sino muy elegantemente festonados y en forma de media luna. Los fenicios adoraban la Luna bajo el nombre de Astartea; en Sidonia era lo mismo que Venus, y Sanchoniaton dice que tuvo dos hijos: el Deseo y el Amor. Frecuentemente se la ha representado con una cabeza de ternera, llevando una cruz en la mano. Sabese que Salomón la adoro y Además se supone que Astaroth, que da las riquezas, es el Sol, y por lo tanto Astartea, que preside a los placeres de la noche, es la Luna.

BELFEGOR.- Demonio de los descubrimientos e invenciones ingeniosas. Seduce a los hombres tomando a su vista el cuerpo de una joven y dándoles muchas riquezas. Los moabitas, que le llamaban Baalfegor, le adoraban sobre el monte Fegor. Algunos rabinos dicen que se le tributaba homenaje sobre el sillico, y se le ofrenda el asqueroso residuo de la digestión. Este es el motivo porque ciertos doctos solo ven en Belfegor al dios *pedo o crépitus*, pero otros sabios, que parecen más avisados, sostienen que es Príapo.

Suelden, citado por Barnier, pretende que se le ofrendan víctimas humanas, de las cuales sus sacerdotes comían la carne. Wierio advierte que es un demonio que siempre tiene la boca abierta, observación que debe sin duda al nombre de fegor el cual, según Leloyer, significa grieta o hendidura porque le adoraban en cavernas y le arrojaban ofertas por una rendija.

BELIAL.- Demonio de la sodomía, adorado antiguamente de los sidonianos, como se ve por el capítulo 2° del libro 1° de los Reyes, se dice que el Infierno no ha recibido espíritu más disoluto, más borrachón ni más enamorado del vicio por el vicio mismo. Sin embargo, si su alma es hedionda y vil, su exterior es hermosísimo, tiene un talante lleno de gracia y dignidad y el cielo no ha perdido otro más bello habitante.

Wierio, en su revista de la monarquía de Satán le consagra un largo artículo. Créese, dice, que Belial, uno de los reyes del Infierno, fue criado inmediatamente después de Lucifer, y que arrastró a la mayor parte de los ángeles a la revolución, y fue también uno de los primeros que fueron arrojados del paraíso.

Cuando se le evoca, se le hace por medio de ofrendas responder con sinceridad a las preguntas, pero pronto cuenta mentiras, si no se le conjura por el nombre de Dios a que diga siempre la verdad. Manda ochenta legiones. Es muy exacto en socorrer a los que se le someten y si faltase, es muy fácil castigarle como hizo Salomón, que le encerró en una botella con todas sus legiones, a pesar de que forman un ejército de quinientos veintidós mil doscientos ochenta diablos. Necesario era que fuese muy grande la tal botella.

Pero Salomón era tan poderoso, que se cuenta que en otra ocasión aprisionó igualmente seis mil seiscientos sesenta y seis millones de diablos que no pudieron resistirle.

Añádese que fue la arrogancia de Belial la que le hizo castigar de esta suerte.

BELCEBÚ.- El más criminal, después de Satanás, según Milton, y jefe supremo del imperio infernal, según la mayor parte de los demonógrafos.

Su nombre significa señor de las moscas, y Bodin supone que en su templo no se ve la otra cosa. Era la divinidad más reverenciada de los pueblos de Canaán, y frecuentemente con los atributos de un soberano poder.

Daba oráculos, y el rey Osías le consultó sobre una enfermedad que le atormentaba, cuyo acto le reprendió agriamente el profeta Eliseo, diciéndole si carecía de Dios Israel, pues había ido a consultar a Belcebú, dios de las moscas, en el terreno de los filisteos. Atribuíasele en efecto el poder de libertar a los hombres de las moscas que arruinan las mieses.

Casi todos los demonómanos le miran como al soberano del tenebroso imperio, y cada uno le pinta según su imaginación, como los narradores de cuentos representan, según su fantasía, los ogros, las hadas y todos los seres imaginarios. Los escritores sagrados le llaman hediondo y terrible. Milton le atribuye un aspecto imponente y su cara respira alta sabiduría. El uno le hace alto como una torre, el otro de una talla igual a la nuestra, algunos le representan bajo la forma de una serpiente y aún hay otros que le ven bajo las facciones de una hermosa mujer.

El monarca de los infiernos, dice Palingenes, *In zodiaco Vitae*, es de una talla prodigiosa, sentado sobre un trono inmenso, teniendo la frente ceñida de una banda de fuego, henchido el pecho, abotagado el rostro, brillantes los ojos, levantadas las cejas y amenazador el aire. Tiene las narices sumamente largas, dos grandes cuernos en la cabeza, es negro como un cafre, tiene pegadas a sus espaldas dos grandes alas de murciélago; sus pies son largas patas de ánade, su cola es de león, y está cubierto de largos pelos desde la cabeza a los pies. Los aficionados dicen que trae una sotana de barraran negro. Diego, en el *Compadre Mateo* del abate Du Laurens, cuenta que su ropa esta forrada de hoja de lata y adornada de vidriado; Además, algunos dicen que Belcebú es Príapo, a quien se obstinan en buscar por todas partes, y otros le confunden con Baco. Se ha creído conocerle en Beellbog o Belbach (Dios blanco) de los esclacones; porque su imagen ensangrentada estaba siempre cubierta de moscas, como la de Belcebú entre los asirios. Se ha dicho también que es el mismo que Plutón; Porfirio supone que es lo mismo que Baco; pero es más verosímil que sea Babel, a quien Wierio hizo emperador de los infiernos.

Vese en las verdaderas Clavículas de Salomón, pagina 11, que Belcebú aparece algunas veces bajo monstruosas formas, como las de un enorme becerro, o de un macho cabrío, arrastrando una larga cola, y sin embargo se muestra también frecuentemente bajo la figura de una mosca prodigiosamente grande. Cuando está encolerizado vomita llamas aúlla como un lobo y aun algunas veces se ve a Astaroth a su lado, bajo la figura de un asno.